······法治建设系列普法读本······

以案普法

劳动就业篇

胡志斌◎编著

北京师范大学出版集团
BEIJING NORMAL UNIVERSITY PUBLISHING GROUP
安徽大学出版社

图书在版编目(CIP)数据

以案普法. 劳动就业篇/胡志斌编著. —合肥：安徽大学出版社，2015.8(2017.10重印)

(法治建设系列普法读本)

ISBN 978-7-5664-0966-9

Ⅰ.①以… Ⅱ.①胡… Ⅲ.①劳动法—案例—中国 Ⅳ.①D920.5

中国版本图书馆 CIP 数据核字(2015)第 122648 号

以案普法·劳动就业篇

胡志斌　编著

出版发行	北京师范大学出版集团 安 徽 大 学 出 版 社 (安徽省合肥市肥西路 3 号 邮编 230039) www.bnupg.com.cn www.ahupress.com.cn
印　　刷	安徽昶颉包装印务有限责任公司
经　　销	全国新华书店
开　　本	152mm×228mm
印　　张	10.5
字　　数	124 千字
版　　次	2015 年 8 月第 1 版
印　　次	2017 年 10 月第 2 次印刷
定　　价	26.00 元

ISBN 978-7-5664-0966-9

策划编辑：朱丽琴　方　青　　　　装帧设计：李　军
责任编辑：方　青　　　　　　　　美术编辑：李　军
责任校对：程中业　　　　　　　　责任印制：陈　如

版权所有　侵权必究

反盗版、侵权举报电话：0551—65106311
外埠邮购电话：0551—65107716
本书如有印装质量问题，请与印制管理部联系调换。
印制管理部电话：0551—65106311

目录

MULU

上篇　劳动合同的订立、履行和变更

1. 他到底和谁存在劳动合同关系 〔3〕
2. 公司应和他们签订无固定期限劳动合同 〔5〕
3. 签订无固定期限劳动合同不成，却获双倍工资 〔7〕
4. 他人代签的劳动合同不具有法律效力 〔9〕
5. 用人单位单方续订劳动合同无效 〔12〕
6. 采取欺诈手段签订的劳动合同无效 〔14〕
7. 用人单位不得随意收取违约金 〔16〕
8. 他的试用期工资合法吗 〔19〕
9. 公司单方调岗，职工有权拒绝 〔20〕
10. 劳动时间岂能违法 〔22〕
11. 该领取多少春节加班费 〔25〕
12. 调休还能索要加班费吗 〔27〕
13. 保安住值班室算不算加班 〔29〕
14. 劳动合同变更了吗 〔31〕

15. 企业转让不影响职工待遇 〔33〕
16. 医疗期满仍无法正常上班该咋办 〔35〕
17. 无须支付经济补偿 〔38〕
18. 劳动者应履行竞业限制义务 〔41〕
19. 试用期内未签订劳动合同也应支付双倍工资 〔43〕
20. 他能获得几个月的双倍工资 〔45〕

中篇　劳动合同的解除和终止

21. 换了法定代表人，就可以解除劳动合同吗 〔49〕
22. 公司有权辞退他们吗 〔50〕
23. 解聘劳动者岂能秋后算账 〔53〕
24. 外出学习丢了工作 〔55〕
25. 解约后仍工作，单位得支付双倍工资 〔58〕
26. 违法辞退应支付赔偿金而非补偿金 〔60〕
27. 合同期患病，单位能否解除劳动合同 〔63〕
28. 他无权要求经济补偿 〔65〕
29. 该支付多少经济补偿 〔68〕
30. 终止有职业病危害的劳动合同应先体检 〔70〕
31. 劳动者依法解除合同，用人单位不得克扣工资 〔73〕
32. 接受培训的职工提前辞职应承担违约金 〔75〕
33. 试用期内单位能否解聘怀孕的女职工 〔77〕
34. 提交辞职申请后还有劳动关系吗 〔79〕

下篇 劳动保障和劳动维权

35. 试用期内应否缴纳社会保险 〔83〕
36. 申请劳动仲裁不是劳动者的"专利" 〔85〕
37. 脱产学习承认工龄吗 〔84〕
38. 劳务纠纷和劳动纠纷不能混为一谈 〔89〕
39. 公司否认受伤员工劳动关系败诉 〔92〕
40. 劳动者书面放弃缴纳社保费是否合法 〔95〕
41. 劳动维权别错过时效期 〔98〕
42. 因私借款不还属于劳动争议吗 〔100〕
43. 单位拖欠工资,劳动者可申请支付令 〔102〕
44. 包工头承担工伤责任吗 〔103〕
45. 养老金和伤残津贴不得同时领取 〔105〕
46. 职工讨要加班费,单位承担举证责任 〔107〕
47. 企业破产后,工伤职工待遇应优先支付 〔109〕
48. 超过退休年龄的劳动者不享受经济补偿吗 〔111〕
49. 裁减人员时,谁该优先留下来 〔113〕
50. 他们受到的伤害属于工伤吗 〔116〕
51. 女职工生育期间的工资不得打折扣 〔118〕
52. 在校学生假期打工受伤不能认定为工伤 〔120〕
53. 新单位没有缴纳工伤保险的义务吗 〔122〕

附 录

中华人民共和国劳动法合同法 〔124〕
中华人民共和国劳动法 〔144〕

参考文献 〔159〕

上篇

劳动合同的订立、履行和变更

1. 他到底和谁存在劳动合同关系

案情介绍

某建筑公司与劳务派遣公司之间签订的劳务派遣协议即将到期,建筑公司准备将劳务派遣公司派遣来的员工李某退回,但李某主张自己与劳务派遣公司没有任何关系,而与该建筑公司存在事实劳动关系,并要求公司支付五年工龄的经济补偿金及补交欠缴的社会保险费。经该建筑公司查实,由于劳务派遣公司管理不规范,五年来,李某与派遣公司无任何劳动合同,派遣公司没有为李某缴纳任何社会保险费,也没有对李某采取任何管理行为,更没有证明双方建立劳动关系的任何书面证据。虽然该建筑公司曾多次要求李某提交其与劳务派遣公司的劳动合同,但李某均借故推脱,建筑公司对此也没有给予足够的重视。在本案中,当事人争执的焦点问题是李某提出的与该建筑公司存在事实劳动关系的主张是否成立。

上篇　劳动合同的订立、履行和变更

案件评析

本案是有关劳务派遣的法律问题。劳务派遣是指依法设立的劳务派遣单位与劳动者订立劳动合同,依据与接受劳务派遣单位(即实际用工单位)订立的劳务派遣协议,将劳动者派遣到实际用工单位工作,由派遣单位向劳动者支付工资、福利及社会保险费用,实际用工单位提供劳动条件并按照劳务派遣协议支付用工费用的新型用工方式。按照《劳动合同法》的规定,劳务派遣建立的是一种三方关系,即派遣企业作为用人单位,与劳动者建立劳动关系,而后由派遣公司将劳动者派遣至实际用工企业,实际用工企业与被派遣的劳动者之间建立的并非一般的劳动关系,而是一种用工关系。派遣单位除了需要和劳动者签订书面劳动合同外,还必须要与实际用工单位签订劳务派遣协议,就派遣岗位和人员数量、派遣期限、劳动报酬和社会保险费的数额、支付方式以及违反协议的责任等事项作出明确的约定。

在本案中,劳务派遣公司没有与李某签订劳动合同,很显然,他们之间不存在劳动合同关系。在这种情况下,李某提出的与该建筑公司存在事实劳动关系的主张,依法是成立的。所谓"事实劳动关系",是指用人单位与劳动者虽没有订立书面劳动合同,但双方实际履行了劳动权利义务而形成的劳动关系。

法条链接

《劳动合同法》第五十八条:劳务派遣单位是本法所称用人单位,应当履行用人单位对劳动者的义务。劳务派遣单位与被派遣劳动者订立的劳动合同,除应当载明本法第十七条规定的事项外,还应当载明被派遣劳动者的用工单位以及派遣期限、工作岗位等情况。

劳务派遣单位应当与被派遣劳动者订立二年以上的固定期限

劳动合同,按月支付劳动报酬;被派遣劳动者在无工作期间,劳务派遣单位应当按照所在地人民政府规定的最低工资标准,向其按月支付报酬。

《劳动合同法》第五十九条:劳务派遣单位派遣劳动者应当与接受以劳务派遣形式用工的单位(以下称用工单位)订立劳务派遣协议。劳务派遣协议应当约定派遣岗位和人员数量、派遣期限、劳动报酬和社会保险费的数额与支付方式以及违反协议的责任。

《劳动合同法》第十条:建立劳动关系,应当订立书面劳动合同。

已建立劳动关系,未同时订立书面劳动合同的,应当自用工之日起一个月内订立书面劳动合同。

用人单位与劳动者在用工前订立劳动合同的,劳动关系自用工之日起建立。

2. 公司应和他们签订无固定期限劳动合同

案情介绍

2010年5月,某外企公司有三名员工已在该企业连续工作满十年,需要续签新的劳动合同,但该公司不打算与其续签劳动合同。该公司人力资源部的经理依据各地关于无固定期限劳动合同的做法与规定,向三名员工下发了到期不再续签劳动合同的书面通知,但三名员工不服,他们认为自己在该公司工作了这么多年,公司不应该这样做。在双方协商没有结果的情况下,三名员工向当地劳动仲裁机构提出了劳动争议仲裁申请。

案件评析

本案涉及无固定期限劳动合同签订的问题。无固定期限劳动

上篇　劳动合同的订立、履行和变更

合同是指用人单位与劳动者约定的无确定终止时间的劳动合同。当然,无确定终止时间的劳动合同并非绝对没有终止时间,一旦出现了法定的解除情形(如劳动者到了法定退休年龄)或者双方协商一致解除的,无固定期限劳动合同同样可以解除。订立无固定期限的劳动合同,劳动者可以长期在一个单位或部门工作。这种合同适用于工作保密性强、技术复杂、工作需要保持人员稳定的岗位。这种合同对用人单位来说,有利于维护其经济利益,减少频繁更换关键岗位的关键人员而带来的损失。对劳动者来说,也有利于其长期稳定就业,钻研业务技术。

按照《劳动合同法》的规定,用人单位与劳动者协商一致,可以订立无固定期限劳动合同。有下列情形之一,劳动者提出或者同意续订、订立劳动合同的,除劳动者提出订立固定期限劳动合同外,用人单位应当与劳动者订立无固定期限劳动合同:一是劳动者在该用人单位连续工作满十年的;二是用人单位初次实行劳动合同制度或者国有企业改制重新订立劳动合同时,劳动者在该用人单位连续工作满十年且距法定退休年龄不足十年的;三是连续订立二次固定期限劳动合同的。

另外,《劳动合同法》还规定,用人单位自用工之日起满一年不与劳动者订立书面劳动合同的,视为用人单位与劳动者已订立无固定期限劳动合同。

在本案中,三名员工已经在该公司连续工作了十年,依据《劳动合同法》的规定,该公司应当与他们签订无固定期限劳动合同。

法条链接

《劳动合同法》第十四条:无固定期限劳动合同,是指用人单位与劳动者约定无确定终止时间的劳动合同。

用人单位与劳动者协商一致,可以订立无固定期限劳动合同。

有下列情形之一,劳动者提出或者同意续订、订立劳动合同的,除劳动者提出订立固定期限劳动合同外,应当订立无固定期限劳动合同:

(一)劳动者在该用人单位连续工作满十年的;

(二)用人单位初次实行劳动合同制度或者国有企业改制重新订立劳动合同时,劳动者在该用人单位连续工作满十年且距法定退休年龄不足十年的;

(三)连续订立二次固定期限劳动合同,且劳动者没有本法第三十九条和第四十条第一项、第二项规定的情形,续订劳动合同的。

用人单位自用工之日起满一年不与劳动者订立书面劳动合同的,视为用人单位与劳动者已订立无固定期限劳动合同。

3. 签订无固定期限劳动合同不成,却获双倍工资

案情介绍

高某与某私立中学签订了"兼职教师聘用书",约定高某工作岗位为数学教师,劳动合同期限为2010学年至2012学年。聘用合同到期后,双方未再签订书面协议。高某从2012年9月新学期开学继续工作至2013年7月16日。2013年7月,该中学进行了体制改革,转制为公办美术特色高中。由于改制及高某一直没有取得教师资格证书,学校停止了高某的工作,但未作出解除劳动关系的书面决定。为此,高某向劳动仲裁机构提出申请,要求该中学与其签订无固定期限的劳动合同,并给付2012年9月至2013年7月的双倍工资合计三万元。

劳动仲裁机构经审理认为,由于高某未取得教师资格证书,其不具备与该中学继续签订劳动合同的条件,即便签订了劳动合同,也是无效的,故对高某要求与该中学签订无固定期限劳动合同的请求不予支持。但在高某劳动合同到期后,该学校仍属于企业性

质的私立学校,故学校和高某之间存在事实劳动合同关系,由于用人单位与高某应当签订但未签订劳动合同,依法应当支付双倍工资。仲裁机构最后裁决:该中学给付原告高某2012年9月至2013年7月的双倍工资合计三万元,驳回高某其他的仲裁请求。对此,双方当事人均不服,并向法院提起诉讼。2014年6月20日,法院作出和仲裁机构一样的处理决定。

案件评析

本案涉及高某与某中学是否符合签订无固定期限劳动合同的条件以及无效劳动合同的处理问题,现解读如下:

(1)高某无权要求该中学与自己签订无固定期限的劳动合同。劳动者除了具备法定的年龄等条件外,在特定的职业领域,还应当满足从事特定职业的资质。在教育领域,国家实行教师资格准入制度,未取得教师资格的劳动者不能向学校主张签订教师岗位的无固定期限劳动合同。《教师法》第十条第一款规定:"国家实行教师资格制度。"《教师资格条例》第二条进一步规定:"中国公民在各级各类学校和其他教育机构中专门从事教育教学工作,应当依法取得教师资格。"

在本案中,高某于2010年开始在某私立中学从事数学教学工作,根据我国《民办教育促进法》第二十八条规定:"民办学校聘任的教师,应当具有国家规定的任教资格。"《民办教育促进法实施条例》第二十三条第一款规定:"民办学校聘任的教师应当具备教师法和有关行政法规规定的教师资格和任职条件。"从这些规定可以看出,该中学的民办和公办性质并不影响对教师资质的要求。因此,未取得教师资格证的劳动者不具备与学校签订教师岗位劳动合同的条件。由于本案中的高某未取得教师资格证,不具备从事教师岗位的资质。因此,即便学校与高某签订了劳动合同,根据《劳动法》第十八条第一款以及《劳动合同法》第二十六条第一款第三项的规定,违反法律、行政法规的劳动合同是无效或者部分无效的。因此,仲裁机构和法院不支持高某签订无固定期限劳动合同的主张。

(2)关于劳动合同无效后的处理问题。按照《劳动合同法》的规定,劳动合同被确认无效,劳动者已付出劳动的,用人单位应当向劳动者支付劳动报酬。劳动报酬的数额,参照本单位相同或者相近岗位劳动者的劳动报酬确定。在本案中,学校明知道劳动者不具备教师资格仍与其签订了合同,并在合同履行完毕后继续履行原来的合同,存在明显的过错。因此,学校应当参照正式劳动者的相关待遇向高某支付劳动报酬。

法条链接

《劳动合同法》第二十六条:下列劳动合同无效或者部分无效:

(一)以欺诈、胁迫的手段或者乘人之危,使对方在违背真实意思的情况下订立或者变更劳动合同的;

(二)用人单位免除自己的法定责任、排除劳动者权利的;

(三)违反法律、行政法规强制性规定的。

对劳动合同的无效或者部分无效有争议的,由劳动争议仲裁机构或者人民法院确认。

《劳动合同法》第二十八条:劳动合同被确认无效,劳动者已付出劳动的,用人单位应当向劳动者支付劳动报酬。劳动报酬的数额,参照本单位相同或者相近岗位劳动者的劳动报酬确定。

4. 他人代签的劳动合同不具有法律效力

2012年6月1日,房某经熟人介绍到某软件开发公司工作,双方

约定月工资为两千元。2013年春节过后,房某刚回到公司上班,公司人事部的高经理便告诉他,其签订的劳动合同在春节前一天就已经到期,软件公司不再与其续签劳动合同,让房某在终止劳动合同证明书上签字。对此,房某感到莫名其妙,因为软件公司从未与自己签订过劳动合同,经过进一步了解,房某终于明白了事情的真相。原来软件公司与房某签订劳动合同时,因房某不在单位,负责管理劳动合同的人事部刘经理,为了方便,就替房某在劳动合同上签了字,后来刘经理在2012年10月辞职到其他单位了。在双方交涉没有结果的情况下,房某向当地劳动争议仲裁机构提出了仲裁申请,要求公司支付因未签订劳动合同的双倍工资及经济补偿。在调解无效的情况下,劳动争议仲裁机构裁决软件公司支付房某因未签订劳动合同的双倍工资及相应的经济补偿。

案件评析

本案涉及劳动合同的签订及其效力问题。根据《劳动合同法》的规定,建立劳动关系,应当订立书面劳动合同。已建立劳动关

系,未同时订立书面劳动合同的,应当自用工之日起一个月内订立书面劳动合同。劳动合同由用人单位与劳动者协商一致,并经用人单位与劳动者在劳动合同文本上签字或者盖章生效。劳动合同文本由用人单位和劳动者各执一份。用人单位自用工之日起超过一个月不满一年未与劳动者订立书面劳动合同的,应当向劳动者每月支付双倍的工资。此外,按照《劳动合同法》的规定,用人单位提出终止劳动关系的,应当按照劳动者在本单位工作年限每满一年支付一个月工资的经济补偿。

在本案中,在没有房某书面委托手续的情况下,他人代签的劳动合同对房某不具有法律约束力。在这种情况下,房某与用人单位便建立了事实劳动合同关系。由于软件公司超过了一个月但未超过一年没有与房某签订劳动合同,所以,软件公司应当依法每月支付双倍的工资,即四千元。另外,在双方都愿意解除劳动合同的情况下,软件公司还应按照每工作一年给予一个月的经济补偿支付给房某。所以,劳动争议仲裁机构的裁决是正确的。

法条链接

《劳动合同法》第十条:建立劳动关系,应当订立书面劳动合同。

已建立劳动关系,未同时订立书面劳动合同的,应当自用工之日起一个月内订立书面劳动合同。

用人单位与劳动者在用工前订立劳动合同的,劳动关系自用工之日起建立。

《劳动合同法》第十六条:劳动合同由用人单位与劳动者协商一致,并经用人单位与劳动者在劳动合同文本上签字或者盖章生效。

劳动合同文本由用人单位和劳动者各执一份。

《劳动合同法》第八十二条:用人单位自用工之日起超过一个月不满一年未与劳动者订立书面劳动合同的,应当向劳动者每月支付二倍的工资。

　　用人单位违反本法规定不与劳动者订立无固定期限劳动合同的，自应当订立无固定期限劳动合同之日起向劳动者每月支付二倍的工资。

5. 用人单位单方续订劳动合同无效

案情介绍

　　2012年1月1日，何某与某物流公司签订了为期三年的劳动合同。2014年12月30日，物流公司要求与何某续订劳动合同，何某明确表示不再续订。2015年1月1日劳动合同期满后，何某向物流公司提出办理终止劳动合同手续。该公司拒绝为何某办理终止劳动合同的有关手续，人事部的经理解释说："因未招聘到合适的人员来接替你的工作，现在立即解除与你的劳动合同，会给物流公司带来不必要的经济损失，公司领导已决定，在双方签订的原劳动合同的基础上与你续订一年期限的劳动合同。"何某认为，物流公司单方续订劳动合同侵害了自己的合法权益，遂向当地劳动争议仲裁机构提出申请，请求裁定该公司为其办理终止劳动合同手续。

案件评析

　　本案涉及劳动合同终止的问题。劳动合同终止是指劳动合同的法律效力依法被消灭，即劳动合同所确立的劳动关系由于一定法律事实的出现而终结，劳动者与用人单位之间原有的权利和义务不复存在。劳动合同期满或者当事人约定的劳动合同终止条件出现，劳动合同即行终止。按照《劳动合同法》的规定，劳动合同终止的情形包括:(1)劳动合同期满的;(2)劳动者开始依法享受基本养老保险待遇的;(3)劳动者死亡,或者被人民法院宣告死亡或者宣告失踪的;(4)用人单位被依法宣告破产的;(5)用人单位被吊销营业执照、责令关闭、撤销或者用人单位决定提前解散的;(6)法律、行政法规规定的其他情形。

劳动合同终止的,用人单位应当依法办理相关手续,其内容包括:(1)出具解除或者终止劳动合同的证明;(2)在十五日内为劳动者办理档案和社会保险关系转移手续;(3)依法向劳动者支付经济补偿,在办结工作交接时支付;(4)依法保存劳动合同的文本至少两年等。

在本案中,双方签订的劳动合同到期后,物流公司应当依法为何某办理终止劳动合同的有关手续。办理相关手续是物流公司的法定义务,而物流公司在何某未同意的情况下,擅自决定与其续订一年期限的劳动合同,这种做法显然是于法无据的,何某可以拒绝履行。

法条链接

《劳动合同法》第四十四条:有下列情形之一的,劳动合同终止:

(一)劳动合同期满的;

(二)劳动者开始依法享受基本养老保险待遇的;

(三)劳动者死亡,或者被人民法院宣告死亡或者宣告失踪的;

(四)用人单位被依法宣告破产的;

(五)用人单位被吊销营业执照、责令关闭、撤销或者用人单位决定提前解散的;

(六)法律、行政法规规定的其他情形。

《劳动合同法》第五十条:用人单位应当在解除或者终止劳动合同时出具解除或者终止劳动合同的证明,并在十五日内为劳动者办理档案和社会保险关系转移手续。

劳动者应当按照双方约定，办理工作交接。用人单位依照本法有关规定应当向劳动者支付经济补偿的，在办结工作交接时支付。

用人单位对已经解除或者终止的劳动合同的文本，至少保存二年备查。

6. 采取欺诈手段签订的劳动合同无效

2012年9月26日，某外贸公司在其公司网站上发布招聘信息，招聘英语专业硕士研究生及以上学历的专业技术人员，主要从事外文资料的翻译工作。赵某在通过面试后，在该外贸公司的人力资源部填写了"招聘人员登记表"，在专业和学历栏目中，赵某分别填写了某大学英语专业和硕士研究生。公司觉得赵某是名牌大学的硕士研究生，就优先聘用了他。双方于2012年10月9日签订了五年的劳动合同，约定赵某从事翻译工作，工资每月三千八百元。在赵某任职后的两个月内，他先后接受了单位领导分派的十

次外文翻译工作,但有六次的工作任务都不能按期完成,并且完成的翻译工作经常出现一些低级错误,为此,单位领导怀疑赵某的英语水平和工作能力。2012年12月,该外贸公司到赵某所称的毕业学校进行新员工的招聘,并顺便打听赵某在校期间的表现情况,该校老师说英语专业从来就没有这个学生。经过进一步的调查,外贸公司才发现,赵某的学历证书是伪造的,其实际上是某职业学院外贸英语专科毕业生。为此,外贸公司向赵某提出解除双方签订的劳动合同。赵某同意解除劳动合同,但主张,尽管学历造假了,但其和外贸公司已形成劳动关系,而且还签订了书面劳动合同,要求外贸公司支付其经济补偿金,外贸公司予以拒绝,赵某遂向当地劳动争议仲裁机构提起劳动争议仲裁申请。

外贸公司认为,在公司于2012年9月发布的招聘信息中,明确要求招收英语专业硕士研究生及以上学历的员工,而赵某伪造证件,填写虚假的信息表,从而导致公司对其产生误判。赵某采取欺骗手段进入外贸公司工作,双方签订的劳动合同为无效合同,外贸公司还主张,赵某已经领取的三个月工资也应当退还。劳动争议仲裁机构经过审理认为,赵某采取欺诈的手段签订劳动合同的事实成立,确认双方订立的劳动合同为无效,但不支持外贸公司提出的退还工资的主张。

案件评析

本案涉及以欺诈手段签订劳动合同的效力问题。欺诈是指以使人发生错误认识为目的的故意行为。由于欺诈行为容易使对方当事人发生认识上的错误,进而作出不真实的意思表示,这就影响了合同行为的效力。根据《劳动合同法》的规定,以欺诈、胁迫的手段或者乘人之危,使对方在违背真实意思表示的情况下订立的劳动合同为无效合同。

在本案中,该外贸公司在媒体发布招聘信息时,已经明确招聘英语专业硕士研究生及以上学历的员工。而赵某在填写相关信息表格时,弄虚作假,从而使外贸公司与其签订了劳动合同,建立了劳动关系。尽管劳动合同已经签订,但由于赵某根本不是硕士研究生,不符合外贸公司的招聘要求,所以,根据《劳动合同法》相关规定,双方所签订的劳动合同为无效合同。需要说明的是,虽然劳动合同被确认无效,但劳动者已付出劳动,用人单位应当依法向劳动者支付劳动报酬,即外贸公司对赵某已经工作了三个月的工资应当予以支付,而无权索回已经发放的工资。所以,外贸公司要求退还三个月工资的主张没有得到劳动争议仲裁机构的支持。

法条链接

《劳动合同法》第二十六条:下列劳动合同无效或者部分无效:

(一)以欺诈、胁迫的手段或者乘人之危,使对方在违背真实意思的情况下订立或者变更劳动合同的;

(二)用人单位免除自己的法定责任、排除劳动者权利的;

(三)违反法律、行政法规强制性规定的。

对劳动合同的无效或者部分无效有争议的,由劳动争议仲裁机构或者人民法院确认。

《劳动合同法》第二十八条:劳动合同被确认无效,劳动者已付出劳动的,用人单位应当向劳动者支付劳动报酬。劳动报酬的数额,参照本单位相同或者相近岗位劳动者的劳动报酬确定。

7. 用人单位不得随意收取违约金

案情介绍

王某于2013年5月与某糕点销售公司签订了为期两年的劳动

合同。双方在劳动合同中约定:王某的工资为标准工资八百元,另外还有提成。一方当事人违反合同规定时,应承担违约责任,并向对方支付违约金两千元。该糕点销售公司在签订合同时,预收了王某的违约金两千元。2013年10月,王某以工资低且单位未为其办理社会保险为由提出辞职,并要求该糕点销售公司退还预收的两千元违约金,却遭到了拒绝。王某不服,遂到当地劳动争议仲裁机构提出申诉。劳动争议仲裁机构裁决糕点销售公司退还两千元违约金。

案件评析

本案涉及劳动合同关系中的违约金问题。违约金是指按照当事人的约定或者法律直接规定,一方当事人违约的,应向另一方支付的金钱。通常情况下,违约金主要适用于经济合同中,对于在劳动合同中,能否适用违约金问题,《劳动合同法》有严格的限制。按照《劳动合同法》的规定,只有两种情形下,用人单位才可以要求劳动者支付违约金:第一,用人单位为劳动者提供专项培训费用,对其进行专业技术培训的,可以与该劳动者订立协议,约定服务期。劳动者违反服务期约定的,应当按照约定向用人单位支付违约金;第二,用人单位与劳动者可以在劳动合同中约定保守用人单位的商业秘密和与知识产权相关的保密事项。劳动者违反竞业限制约定的,应当按照约定向用人单位支付违约金。除了这两种情形外,用人单位不得与劳动者约定由劳动者承担违约金。

在本案中,王某作为营业员,其所在的糕点销售公司既未对其进行专业技术培训,其本人也不属于高级管理人员及负有保密义务的人员,所以,该糕点销售公司收取王某的违约金从性质上应该认定为押金。而用人单位收取劳动者押金属于非法行为。因为《劳动合同法》明确规定,用人单位招用劳动者,不得扣押劳动者的居民身份证和其他证件,不得要求劳动者提供担保或者以其他名义向劳动者收取财物。因此,该糕点销售公司应当退还王某两千元的违约金。

法条链接

《劳动合同法》第九条:用人单位招用劳动者,不得扣押劳动者的居民身份证和其他证件,不得要求劳动者提供担保或者以其他名义向劳动者收取财物。

《劳动合同法》第二十二条:用人单位为劳动者提供专项培训费用,对其进行专业技术培训的,可以与该劳动者订立协议,约定服务期。

劳动者违反服务期约定的,应当按照约定向用人单位支付违约金。违约金的数额不得超过用人单位提供的培训费用。用人单位要求劳动者支付的违约金不得超过服务期尚未履行部分所应分摊的培训费用。

用人单位与劳动者约定服务期的,不影响按照正常的工资调整机制提高劳动者在服务期期间的劳动报酬。

《劳动合同法》第二十三条:用人单位与劳动者可以在劳动合同中约定保守用人单位的商业秘密和与知识产权相关的保密事项。

对负有保密义务的劳动者,用人单位可以在劳动合同或者保密协议中与劳动者约定竞业限制条款,并约定在解除或者终止劳动合同后,在竞业限制期限内按月给予劳动者经济补偿。劳动者违反竞业限制约定的,应当按照约定向用人单位支付违约金。

《劳动合同法》第二十五条:除本法第二十二条和第二十三条规定的情形外,用人单位不得与劳动者约定由劳动者承担违约金。

8. 他的试用期工资合法吗

案情介绍

2010年4月,王某被某物业公司招用,双方签订了为期五年的劳动合同,并约定试用期为三个月。试用期间,物业公司每月发给王某工资一千五百元。两个月后,王某得知企业支付给自己的月工资低于当地最低工资标准一千八百元。为此,王某找到了物业公司,要求增加工资并补发前两个月的工资差额,物业公司以王某尚处在试用期,还不是单位的正式职工为由,拒绝了王某的要求。2010年7月,王某就此事向当地劳动争议仲裁机构申请仲裁,劳动争议仲裁机构受理该案后,经审理裁决:物业公司应当将王某试用期间的月工资调整为一千八百元,同时补发王某前两个月低于当地最低工资标准的差额六百元。

案件评析

这是一起因试用期工资标准引发的劳动争议案件。试用期是

用人单位和劳动者建立劳动关系后,为相互了解、选择而约定的不超过六个月的考察期,是劳动合同期限中的一段特殊期间。为了防止试用期间劳动者待遇过低或得不到保障,《劳动合同法》规定劳动者在试用期的工资不得低于本单位同岗位最低档工资或者劳动合同约定工资的80%,并不得低于用人单位所在地的最低工资标准。这是劳动者在试用期间工资待遇的法定最低标准。具体而言,试用期的工资不得低于本单位同岗位最低档工资,这只是用人单位和劳动者约定的底线工资,如果劳动者和用人单位在劳动合同中约定了试用期工资,并且约定的试用期工资高于当地的最低工资标准,就按约定执行。

在本案中,王某的工资显然低于当地政府规定的最低工资标准,因此,物业公司不仅应当将其月工资调整为一千八百元,还应当补发前两个月基本工资的差额部分。

法条链接

《劳动合同法》第二十条:劳动者在试用期的工资不得低于本单位相同岗位最低档工资或者劳动合同约定工资的百分之八十,并不得低于用人单位所在地的最低工资标准。

9. 公司单方调岗,职工有权拒绝

2014年4月19日,吴某经过面试和考核,与某快递公司签订了一份为期三年的劳动合同,双方约定吴某担任快递公司办公室的档案管理员,每月基本工资一千八百元。三个月后,快递公司以精减机关工作人员为由,将吴某调到了快件分流车间。工作岗位的变化带来劳动强度的增加,而工资却没有改变,加上新岗位不适合自己,吴某对调岗予以拒绝。快递公司以吴某不服从单位人事安排为由,决定解除与吴某的劳动合同,并拒绝给予任何补偿。在双方协商不成的情况下,吴某于2014年7月23日向劳动争议仲裁机构提出了仲裁申请,要求快递公司恢复其办公室档案员的岗位,否则,应支付其赔偿金。

案件评析

　　本案涉及劳动合同变更以及单方解除劳动合同等法律问题。就劳动合同变更而言,它是指劳动合同依法成立后,在合同尚未履行或者尚未履行完毕之前,经用人单位和劳动者双方当事人协商同意,对劳动合同内容作部分修改、补充或者删减的法律行为。根据《劳动合同法》的规定,在一般情况下,只要用人单位与劳动者协商一致,即可变更劳动合同约定的内容。具体而言,劳动合同是劳动关系双方协商达成的协议,双方可以协商变更;对于劳动合同约定的内容,只要是经双方当事人协商一致而达成的,都可以经协商一致而予以变更。此外,对变更劳动合同,法律提倡用人单位和劳动者之间应当采取自愿协商的方式,不允许合同的一方当事人未经协商,单方面变更劳动合同。

　　在劳动合同变更的程序或形式上,《劳动合同法》规定,劳动合同双方当事人经协商对劳动合同中约定内容的变更达成一致意见时,必须签订变更劳动合同的书面协议,任何口头形式达成的变更协议都是无效的。劳动合同变更的书面协议应当指明对劳动合同的哪些条款作出变更,并应注明劳动合同变更协议的生效日期,书面协议经用人单位和劳动者双方当事人签字或盖章后生效。

　　在本案中,快递公司提出变更吴某的工作岗位,这是劳动合同内容的重要变更,必须由双方达成一致的意见,并需要采用书面的形式予以确认,否则,劳动合同等于没有变更。由于吴某不同意改变原合同约定的工作岗位,所以,快递公司单方面的变更是无效的。

在吴某不接受新的工作岗位的情况下,快递公司提出解除劳动合同就属于单方面违法解除劳动合同,按照《劳动合同法》的规定,用人单位违法解除或者终止劳动合同,如果劳动者要求继续履行劳动合同的,用人单位应当继续履行;如果劳动者不要求继续履行劳动合同或者劳动合同已经不能继续履行的,用人单位应当依法支付赔偿金。因此,在吴某不愿意和快递公司继续保持劳动合同关系的情况下,快递公司就应当依法向吴某支付赔偿金。

法条链接

《劳动合同法》第三十五条:用人单位与劳动者协商一致,可以变更劳动合同约定的内容。变更劳动合同,应当采用书面形式。变更后的劳动合同文本由用人单位和劳动者各执一份。

《劳动合同法》第四十八条:用人单位违反本法规定解除或者终止劳动合同,劳动者要求继续履行劳动合同的,用人单位应当继续履行;劳动者不要求继续履行劳动合同或者劳动合同已经不能继续履行的,用人单位应当依照本法第八十七条规定支付赔偿金。

10. 劳动时间岂能违法

案情介绍

2007年8月,张师傅进入某公司担任搬运工。2007年12月,该公司因工作量增大,要求员工加班。张师傅上班时间从早上八点到晚上十二点,除去一小时吃饭时间,每天工作时间平均为十四个小时,其中加班时间为六个小时。此外,公司还要求张师傅等员工在元旦和周六、周日加班,但公司未向加班员工支付加班费。一个月下来,员工精疲力竭,为此,员工要求公司解决加班费问题。但该公司负责人说,年底加班加点是很多单位都存在的正常现象,如果员工觉得累,可以主动辞职。于是,张师傅向当地劳动监察部门举报,要求纠正该公司的违法行为,以保护劳动者的合法权益。

案件评析

本案主要涉及法定的劳动时间问题。根据《劳动法》的规定,国家实行劳动者每日工作时间不超过八小时、平均每周工作时间不超过四十四小时的工时制度。《国务院关于职工工作时间的规定》进一步规定,职工每天工作的最长工时为八小时,周最长工时为四十小时。这里的劳动时间只是一个基本的规定,根据法律的规定,工作时间的具体计算方式又分为标准工时制和综合工时制两种。

标准工时制的内容:(1)用人单位应保证劳动者每周至少休息一日;(2)因生产经营需要,经与工会和劳动者协商,一般每天延长工作时间不得超过一小时;(3)特殊原因每天延长工作时间不得超过三小时;(4)每月延长工作时间不得超过三十六小时。当然,除了标准工时制外,法律还规定了综合计算工时制,其基本内容如下:(1)以月、季、年为周期,综合计算工作时间;(2)平均日工作时间和平均周工作时间应当与法定标准工作时间基本相同,也就是说,在综合计算周期内,某一具体日(或周)的实际工作时间可以超过八小时(或四十小时),但综合计算周期内的总实际工作时间应当不能超过总法定标准工作时间;(3)实行综合计算工时制的,无论劳动者平时工作时间数为多少,只要在一个综合工时计算周期内的总工作时间数不超过以标准工时制计算的应当工作的总时间数,即不视为加班加点。如果超过,则超过部分视为延长工作时间,并按《劳动法》规定支付报酬,且延长时间的小时数,平均每月不得超过三十六小时。

根据原劳动部《关于企业实行不定时工作制和综合计算工时工作制的审批办法》(劳部发[1994]503号)第五条的规定,企业对符合下列条件之一的职工,可实行综合计算工时工作制:(1)交通、铁路、邮电、水运、航空、渔业等行业中因工作性质特殊,需连续作业的职工;(2)地质及资源勘探、建筑、制盐、制糖、旅游等受季节和自然条件限制的行业的部分职工;(3)其他适合实行综合计算工时工作制的职工。

在本案中,公司要求张师傅的劳动时间严重违反了法律的规定。根据《劳动法》《劳动合同法》等法律、法规的规定,该公司不仅要改正其劳动时间的规定,而且对已经加班的职工依法应当支付其延长工作时间的报酬。

法条链接

《劳动法》第三十六条:国家实行劳动者每日工作时间不超过八小时、平均每周工作时间不超过四十四小时的工时制度。

《劳动法》第三十七条:对实行计件工作的劳动者,用人单位应当根据本法第三十六条规定的工时制度合理确定其劳动定额和计件报酬标准。

《劳动法》第三十八条:用人单位应当保证劳动者每周至少休息一日。

《劳动法》第三十九条:企业因生产特点不能实行本法第三十六条、第三十八条规定的,经劳动行政部门批准,可以实行其他工作和休息办法。

11. 该领取多少春节加班费

案情介绍

陆师傅是某电信公司的技术师傅,2015年春节,因工作需要,单位领导在征求陆师傅意见后,决定让其在春节假期加班七天,具体时间为2015年2月18日至2月24日。当陆师傅问到这七天加班费该支付多少时,单位领导说按照法律规定和劳动合同支付,一分钱都不会少付。春节假期结束后,陆师傅要求单位兑现七天的加班费,单位财务部门也很快予以结算,但在核发加班费用时,陆师傅和财务人员发生了分歧。

陆师傅经常听同事说,法定的节假日加班费是平日工资的三倍。按照劳动合同的约定,陆师傅的日工资是一百元,所以,他主张七天应当得到两千一百元的加班费,而财务人员不予认同,为此,双方发生了争执。当电信公司的法律顾问向陆师傅详细解释该如何依法计算加班费问题后,他才明白单位财务人员的计算方法是正确的。

案件评析

本案涉及加班费的法定计算标准问题。加班费在《劳动合同法》中被称为"延长工作时间的工资报酬",即劳动者按照用人单位生产和工作的需要,在规定工作时间之外继续生产劳动或者工作所获得的劳动报酬。劳动者一旦加班,便延长了工作时间,增加了额外的劳动量,依法应当得到合理的报酬。对劳动者而言,加班费是一种补偿,因为其付出了过量的劳动;对用人单位而言,支付加班费能够有效地抑制用人单位随意延长工作时间,保护劳动者的合法权益。

按照《劳动法》的规定,支付加班费的具体标准是:在标准工作日内安排劳动者延长工作时间的,支付不低于工资的150%的工资报酬;休息日安排劳动者工作又不能安排补休的,支付不低于工资的200%的工资报酬;法定休假日安排劳动者工作的,支付不低于工资的300%的工资报酬。

在本案中,虽然春节假期是七天,但是,法定的假期只有三天,这三天的加班费可以按照陆师傅日工资的300%计算;另外四天假则是双休日和调整的休息日,这四天的加班费只能按照陆师傅日工资的200%计算。所以,陆师傅春节七天假期的加班费应当是一千七百元,而不是两千一百元。

法条链接

《劳动法》第四十条:用人单位在下列节日期间应当依法安排劳动者休假:

(一)元旦;

(二)春节;

(三)国际劳动节;

（四）国庆节；

（五）法律、法规规定的其他休假节日。

《劳动法》第四十四条：有下列情形之一的，用人单位应当按照下列标准支付高于劳动者正常工作时间工资的工资报酬：

（一）安排劳动者延长工作时间的，支付不低于工资的百分之一百五十的工资报酬；

（二）休息日安排劳动者工作又不能安排补休的，支付不低于工资的百分之二百的工资报酬；

（三）法定休假日安排劳动者工作的，支付不低于工资的百分之三百的工资报酬。

12. 调休还能索要加班费吗

案情介绍

自2012年3月1日开始，彭某在某大酒店的厨师岗位上工作，由于工作繁忙，他经常放弃休息日到大酒店加班，每次加班都按照规定在行政部门填写加班单，经领导批准后换取一张调休单，一年下来彭某累积了三十天的调休单。2013年春节后，彭某申请辞职，公司考虑到他的手艺一般，就批准了他的辞呈，并为彭某办理了离职手续。

彭某办好工作移交手续后，突然想起自己还有三十天的调休单没有用完。这些调休单都证明了他在休息日加班的事实。于是，彭某要求大酒店根据《劳动法》关于加班费的规定，按200%的标准支付三十天的休息日加班工资。而大酒店则认为，调休单是给员工用来调休的，且应在大酒店任职期间使用完毕。现在彭某已经离职，并且手续均已办妥，因此，调休单已作废，不同意再支付加班工资。为此,彭某向当地的劳动争议仲裁机构提出了仲裁申请,要求大酒店按调休单的天数折算后支付其加班费。

劳动争议仲裁机构认为,大酒店对加班的员工开具调休单,是一种安排补休的方式,也是按法律的规定操作。彭某可以使用调休单安排休息,以补偿其休息日额外付出的劳动,因此,大酒店的行为符合《劳动法》的规定。彭某向大酒店提出辞职前,未想到及时使用调休单,其责任不在大酒店。所以,劳动争议仲裁机构认为,彭某要求公司再以200%的标准支付其加班工资,缺乏合理性。但考虑到大酒店的调休单确实证明了彭某在正常的劳动时间外付出了劳动,在劳动争议仲裁机构的调解下,大酒店同意支付彭某部分调休单的费用,彭某也基本认可。

案件评析

本案是有关劳动者加班加点和调休的问题。纠纷发生的原因在于彭某对《劳动法》关于加班费规定的理解不准确,其简单地认为只要单位要求员工休息日加班,就应该支付200%的加班工资。根据《劳动法》的规定,休息日安排劳动者工作又不能安排补休的,应当支付不低于工资200%的报酬。可见,在休息日安排员工加班后,用人单位首先应当考虑为劳动者安排补休。而每个单位对补休也有不同规定,劳动者在拿到调休单时应当留意一下调休单的使用说明,特别是有效期的规定等。实践中,也有一些企业在企业规章制度中规定调休单的使用方法,这也需要劳动者正确理解和使用调休单。

在本案中,虽然彭某有三十张调休单,但因其提前解除劳动合同,所以,对于调休单规定的休息时间没有享受,大酒店并不存在过错,即没有剥夺其休息的权利。如果均按照200%支付加班费,显然与立法本意不相符,也有违《劳动法》和《劳动合同法》的公平原则,所以,劳动争议仲裁机构的处理结果是合法的、合理的。

法条链接

《劳动法》第四十四条:有下列情形之一的,用人单位应当按照下列标准支付高于劳动者正常工作时间工资的工资报酬:

(一)安排劳动者延长工作时间的,支付不低于工资的百分之一百五十的工资报酬;

(二)休息日安排劳动者工作又不能安排补休的,支付不低于工资的百分之二百的工资报酬;

(三)法定休假日安排劳动者工作的,支付不低于工资的百分之三百的工资报酬。

13. 保安住值班室算不算加班

案情介绍

2009年3月1日,曲某与某市移动公司签订了为期五年的劳动合同,合同约定曲某的岗位职责是负责公司大门出入的安全保卫、来访接待、公物管理等工作,同时还承担内勤工作,具体负责邮件收发、卫生、垃圾清运等。劳动合同约定,该移动公司发给曲某每月固定工资两千八百元,另发午餐补贴和福利,不享受加班费补贴。为了工作的需要和方便,曲某一直居住在值班室里,并利用移动公司提供的电饭煲、电磁炉等工具做饭。

2011年10月,市公安消防部门向移动公司发出消除火灾隐患的公函,公函指出,移动公司存在"楼梯下使用明火烧饭,配电房堆放物品较多,未配备灭火器"等安全隐患。合同期满后,移动公司决定不再与曲某续签合同。曲某认为,自己每天都在值班,要求移动公司支付加班工资,移动公司予以拒绝。为此,曲某向劳动争议仲裁机构申请仲裁,劳动争议仲裁机构认为,曲某岗位为值班内勤,其工作内容为二十四小时的安全保卫,并负责邮件收发、卫生、垃圾清运等。双方劳动合同也特别约定曲某不享受加班费补贴。劳动合同履行期间,曲某对约定内容也从未提出异议。另外,曲某平时居住、生活都是在单位值班室,工作场所和住处同一,工作与生活状态不能严格区分。根据曲某在移动公司的实际工作情况,值班期间也有足够的睡眠休息时间,故曲某主张加班工资缺乏依据,不予支持。

案件评析

本案涉及加班及加班费的问题。根据《劳动法》的规定,加班一般是指用人单位由于生产经营需要,经与工会和劳动者协商后,安排劳动者在法定工作时间以外工作。加班是员工超出正常工作时间,在原本应该休息的时间内进行的工作,是工作时间在休息时间中的延伸。为了保护员工的休息权,国家对加班进行了严格的

限制。一般每日不得超过一小时,特殊情况下每日不得超过三小时,且每月不得超过三十六小时。需要注意的是,加班是建立在用人单位与劳动者协商基础上的,用人单位不得强迫员工加班,员工也无权单方面决定加班。

在本案中,曲某的工作职责决定了其二十四小时都在公司,但其并非二十四小时都处于工作状态,只是其休息的时间和地点都在单位,其要求移动公司支付加班费于法无据,因此,劳动争议仲裁机构的裁决是正确的。

法条链接

《劳动法》第三十九条:企业因生产特点不能实行本法第三十六条、第三十八条规定的,经劳动行政部门批准,可以实行其他工作和休息办法。

《劳动法》第四十一条:用人单位由于生产经营需要,经与工会和劳动者协商后可以延长工作时间,一般每日不得超过一小时;因特殊原因需要延长工作时间的,在保障劳动者身体健康的条件下延长工作时间每日不得超过三小时,但是每月不得超过三十六小时。

14. 劳动合同变更了吗

案情介绍

许某与某宾馆签订了为期五年的劳动合同,岗位是保安队长,合同期从2010年9月1日到2015年8月31日。2013年6月22日下晚班时,许某接到总经理的电话,要求派人到单位东大门口维持进出人员的秩序。许某遂安排保安人员吴某和刘某执行任务,但吴某以自己没吃晚饭影响身体健康为由予以拒绝,许某和吴某为此发生争吵并出现了肢体冲突,后被同事劝开。许某当即打电话给总经理,要求对此事进行处理,但未得到答复。2013年6月24日,许某收到单位开出的处罚单,认定许某6月22日在上班期间与同事吵架和打斗,影响恶劣,并给予许某书面警告。

许某在收到处罚的同时,还被人事部的经理口头告知免去其保安队长的职务,次日起到后勤部卫生员岗位报道。因为牵涉到调岗降薪,许某没有同意。6月27日,人事经理找许某谈话,并让他在一份劳动合同变更协议上签字。许某看到协议上不仅调整了工作岗位,工资也由原来的三千五百元下降到二千八百元,就没有在协议上签字,只是口头表示同意到新岗位上班,但不同意工资变更。6月28日,许某开始在后勤部上班,并等候单位关于岗位及薪资的答复。7月30日,许某收到工资单,发现月工资为两千八百元,在同单位交涉未果后,遂于8月2日申请劳动仲裁,要求用人单位撤销调整岗位的通知,继续履行原合同。

劳动争议仲裁机构认为,许某已经实际接受了新的岗位,并办理了岗位变动手续,该宾馆按新岗位的工资支付许某的劳动报酬并无不当,故不支持许某的仲裁请求。许某不服,起诉至法院。一审法院认为,双方当事人已经在按新的情况履行变更后的劳动合同,且有证据能够证明劳动合同的变更已经成立,所以,不支持许某的诉讼请求。

案件评析

本案涉及劳动合同变更的程序及其效力问题。劳动合同的变更是指劳动合同依法订立后,在合同尚未履行或者尚未履行完毕之前,经用人单位和劳动者双方当事人协商同意,对劳动合同内容作部分修改、补充或者删减的法律行为。按照《劳动合同法》的规定,变更劳动合同必须采用书面形式,即劳动合同双方当事人经协商后,对劳动合同中的约定内容的变更达成一致意见时,必须达成变更劳动合同的书面协议。劳动合同变更的书面协议应当指明对劳动合同的哪些条款作出变更,并应约定清楚劳动合同变更协议的生效日期,书面协议经用人单位和劳动者双方当事人签字或盖章后生效。

值得注意的是,按照最高人民法院2013年1月31日发布的《关于审理劳动争议案件适用法律若干问题的解释(四)》的规定,变更劳动合同未采用书面形式,但已经实际履行了口头变更的劳动合同超过一个月,且变更后的劳动合同内容不违反法律、行政法规、国家政策以及公序良俗,当事人以未采用书面形式为由主张劳动合同变更无效的,人民法院不予支持。结合本案,许某已经实际接受了新的劳动岗位,就视为其接受与新岗位相一致的工资报酬,所以,劳动仲裁机构和法院对本案的处理都是正确的。

法条链接

《劳动合同法》第三十五条:用人单位与劳动者协商一致,可以变更劳动合同约定的内容。变更劳动合同,应当采用书面形式。

变更后的劳动合同文本由用人单位和劳动者各执一份。

《最高人民法院关于审理劳动争议案件适用法律若干问题的解释(四)》第十一条:变更劳动合同未采用书面形式,但已经实际履行了口头变更的劳动合同超过一个月,且变更后的劳动合同内容不违反法律、行政法规、国家政策以及公序良俗,当事人以未采用书面形式为由主张劳动合同变更无效的,人民法院不予支持。

15. 企业转让不影响职工待遇

案情介绍

2012年9月26日,黄某与砖瓦生产厂签订了为期三年的劳动合同。2013年9月20日下午4时许,黄某在车间检修电机时,因机器出现故障,右手不慎被打伤。2013年10月9日,该砖瓦生产厂因效益不好,投资人蒋某将其转让给了李某经营,对转让一事,黄某并不知情。2013年10月28日,黄某被当地人力资源和社会保障部门认定为工伤,后被市级劳动能力鉴定中心评定为八级伤残。黄某要求砖瓦生产厂给予自己工伤责任,但李某认为,转让后的公司不应承担原砖瓦生产厂期间所发生的工伤责任,以此为由拒绝了黄某的要求,黄某遂向当地劳动争议仲裁机构提出了仲裁申请。

案件评析

本案主要涉及企业变更是否影响劳动合同效力的问题。按照《劳动合同法》的规定,用人单位变更名称、法定代表人、主要负责人或者投资人等事项,不影响劳动合同的履行;如果用人单位发生合并或者分立等情况,原劳动合同继续有效,劳动合同由承继其权利和义务的用人单位继续履行。这里所说的劳动合同不受影响,既包括劳动合同所约定的必备条款(如工伤等社会保险)不受影响,也包括非必备条款的内容不受影响。

具体到工伤保险而言,按照《工伤保险条例》的规定,用人单位分立、合并、转让的,承继单位应当承担原用人单位的工伤保险责任;原用人单位已经参加工伤保险的,承继单位应当到当地经办机构办理工伤保险变更登记。用人单位实行承包经营的,工伤保险责任由职工劳动关系所在单位承担。职工被借调期间受到工伤事故伤害的,由原用人单位承担工伤保险责任,但原用人单位与借调单位可以约定补偿办法。企业破产的,在破产清算时应当依法拨付由单位支付的工伤保险待遇费用。

在本案中,黄某的工伤待遇应由转让后的砖瓦生产厂来承担,李平拒不承担工伤责任的说法是没有法律依据的。

法条链接

《劳动合同法》第三十三条:用人单位变更名称、法定代表人、主要负责人或者投资人等事项,不影响劳动合同的履行。

《劳动合同法》第三十四条:用人单位发生合并或者分立等情况,原劳动合同继续有效,劳动合同由承继其权利和义务的用人单位继续履行。

《工伤保险条例》第四十一条:用人单位分立、合并、转让的,承继单位应当承担原用人单位的工伤保险责任;原用人单位已经参加工伤保险的,承继单位应当到当地经办机构办理工伤保险变更登记。

用人单位实行承包经营的,工伤保险责任由职工劳动关系所在单位承担。

职工被借调期间受到工伤事故伤害的,由原用人单位承担工伤保险责任,但原用人单位与借调单位可以约定补偿办法。

企业破产的,在破产清算时优先拨付依法应由单位支付的工伤保险待遇费用。

16. 医疗期满仍无法正常上班该咋办

案情介绍

2007年3月,顾某与公交公司签订了三年的劳动合同,约定试用期三个月。在试用期内,顾某的右眼被诊断为急性眼病,医院随即开出了病假单。三个月过去了,顾某的病情仍未好转。鉴于顾某的情况,公交公司在顾某医疗期结束后与其解除了劳动关系。不久,公交公司接到了劳动仲裁机构的应诉通知书,原来顾某向劳动仲裁机构申请仲裁,请求劳动仲裁机构责令公交公司支付其医疗补助费。公交公司认为公司已经支付了经济补偿金,不应再支付医疗补助费。

在劳动仲裁过程中,顾某认为,在试用期内自己患了急性眼疾,根据医生的要求在家休息,三个月过去了,但恢复的情况不是很好,医生建议继续休息。当把情况告诉公交公司时,公交公司表示医疗期已满,因无法安排工作,只能与其解除劳动关系,但未支付医疗补助费。因此,顾某认为公交公司解除劳动合同既不人道,也不合法,并认为,既然解除劳动合同,自己也只好接受,但现在要求公交公司支付其医疗补助费。

而公交公司则辩称,顾某在试用期内患病,公交公司按照规定给予了其三个月的医疗期,现在医疗期满,而顾某仍不能上班工作,公交公司按照规定解除合同并无不妥。根据法律规定,顾某只有经劳动能力鉴定后才能申请医疗补助费,因此,不同意顾某的请求。

劳动仲裁机构在查明事实的基础上认为,顾某患病在家休养,

公交公司给予其三个月的医疗期并无不妥。医疗期结束后,顾某仍不能从事公交公司安排的工作,公交公司按照规定解除与顾某的劳动合同,并不违法。根据相关规定,员工在医疗期满不能从事原工作,也不能从事由用人单位另行安排工作的,用人单位可以解除合同。但是除支付经济补偿金外,用人单位还应支付不低于劳动者本人六个月工资收入的医疗补助费。公交公司认为须通过劳动能力鉴定之后才能支付医疗补助费,这是对法律、法规的误解。

案件评析

本案争议的焦点是用人单位在顾某医疗期满仍无法正常上班时,公交公司能否提出解除劳动合同,以及解除劳动关系后应支付哪些费用的问题。

就公交公司能否解除劳动合同而言,按照《劳动合同法》的规定,劳动者在试用期间被证明不符合录用条件的,用人单位有权提前三十天日通知解除劳动合同。顾某在试用期有了疾病,并且经过医疗也无法治愈,在试用期过后,事实表明其无法胜任公交车驾驶工作,所以,公交公司提出解除劳动合同并不违法。

对于因患病而被解除劳动合同的补偿问题,1995年原劳动部制定的《违反和解除劳动合同的经济补偿办法》作出了较为明确的规定,即劳动者患病或者非因工负伤,经劳动鉴定委员会确认不能从事原工作,也不能从事用人单位另行安排的工作而解除劳动合同的,用人单位应按其在本单位的工作年限,每满一年发给相当于一个月工资的经济补偿金,同时还应发给不低于六个月工资的医疗补助费。患重病和绝症的还应增加医疗补助费,患重病的增加部分不低于医疗补助费的50%,患绝症的增加部分不低于医疗补助费的100%。这些费用的支付不是以劳动能力鉴定为条件的。在本案中,公交公司除应向顾某支付经济补偿金外,还应支付不低于劳动者本人6个月工资收入的医疗补助费。

法条链接

《劳动合同法》第三十九条：劳动者有下列情形之一的，用人单位可以解除劳动合同：

（一）在试用期间被证明不符合录用条件的；

（二）严重违反用人单位的规章制度的；

（三）严重失职，营私舞弊，给用人单位造成重大损害的；

（四）劳动者同时与其他用人单位建立劳动关系，对完成本单位的工作任务造成严重影响，或者经用人单位提出，拒不改正的；

（五）因本法第二十六条第一款第一项规定的情形致使劳动合同无效的；

（六）被依法追究刑事责任的。

《违反和解除劳动合同的经济补偿办法》第六条：劳动者患病或者非因工负伤，经劳动鉴定委员会确认不能从事原工作，也不能从事用人单位另行安排的工作而解除劳动合同的，用人单位应按其在本单位的工作年限，每满一年发给相当于一个月工资的经济补偿金，同时还应发给不低于六个月工资的医疗补助费。患重病和绝症的还应增加医疗补助费，患重病的增加部分不低于医疗补助费的百分之五十，患绝症的增加部分不低于医疗补助费的百分之百。

17. 无须支付经济补偿

案情介绍

张某于2009年6月1日进入某工商局担任清洁工一职，双方约定张某工资按小时计算,平均每天工作三小时,6.25元/小时,工资每十天结算一次。合同期限为2010年8月1日至2012年8月1日,双方约定:办公区公共场所地面每天打扫次数不少于两次,楼梯每天打扫一次,电梯每天擦一次,电梯地毯每天更换一次(双休日除外),每天上班前必须将卫生清理完毕,如发现保洁人员责任心不强,保洁质量差,工商局有权调整更换保洁人员。2011年12月20日,工商局所在地的卫生检查部门对工商局的卫生状况进行了一次大检查,检查结果是卫生状况不达标。为此,工商局认真自查,结果发现张某的保洁工作比较马虎,经过几次警告后,张某的工作仍无改观。为此,工商局于2012年2月9日将张某辞退,而张某不接受,并提出合同期未到,如果解除合同,必须支付其经济补偿。

案件评析

本案涉及非全日制用工的法律问题。非全日制用工是指以小时计酬为主,劳动者在同一用人单位一般平均每日工作时间不超过四小时,每周工作时间累计不超过二十四小时的用工形式。按照《劳动合同法》的规定,非全日制用工具有如下特点:

(1)非全日制用工的用工时间短。劳动者在同一用人单位一般平均每日工作时间不超过四小时,每周工作时间累计不超过二十四小时。

(2)劳动者可以建立多重劳动关系。同一劳动者可以与不同用人单位同时建立多个非全日制劳动关系。而在一般劳动合同中,法律不承认双重劳动关系。

(3)非全日制劳动合同的双方当事人可以随时解除合同。按照法律规定,非全日制用工双方当事人可以随时通知对方终止用工。终止用工,用人单位不向劳动者支付经济补偿。

（4）合同形式灵活,可以订立书面劳动合同,也可以订立口头的劳动合同。

（5）非全日制用工双方当事人不得约定试用期。

（6）非全日制用工劳动报酬结算支付周期最长不得超过十五天,用人单位支付非全日制劳动者的小时工资不得低于当地政府颁布的小时最低工资标准。

在本案中,张某和工商局属于非全日制用工关系,非全日制用工双方当事人任何一方都可以随时通知对方终止用工,用人单位不向劳动者支付经济补偿。因此,张某要求工商局支付经济补偿的请求没有法律依据。

法条链接

《劳动合同法》第六十八条:非全日制用工,是指以小时计酬为主,劳动者在同一用人单位一般平均每日工作时间不超过四小时,每周工作时间累计不超过二十四小时的用工形式。

《劳动合同法》第六十九条:非全日制用工双方当事人可以订立口头协议。

从事非全日制用工的劳动者可以与一个或者一个以上用人单位订立劳动合同;但是,后订立的劳动合同不得影响先订立的劳动合同的履行。

《劳动合同法》第七十条:非全日制用工双方当事人不得约定试用期。

《劳动合同法》第七十一条:非全日制用工双方当事人任何一方都可以随时通知对方终止用工。终止用工,用人单位不向劳动者支付经济补偿。

18. 劳动者应履行竞业限制义务

案情介绍

2012年3月9日,孙某与某食品公司签订了三年的劳动合同,其工作岗位是某种食品添加剂销售,合同特别约定,劳动者在工作期间和离职后两年内不得自己生产、经营同类的食品添加剂业务。经过一年多的工作,孙某不仅基本掌握了该种食品添加剂制售的技术,而且觉得有利可图。2014年6月8日,孙某悄悄地成立了自己的公司,公司命名为某添加剂公司,经营的产品和自己工作单位的产品几乎一样。孙某私自开办公司的事情被工作单位的领导知悉后,2014年7月9日,食品公司以孙某私自经营与食品公司相同的产品为由,解除双方劳动关系。孙某认为,在合同期未满的情况下,食品公司解除劳动合同的行为属于违法解除合同行为,应支付经济赔偿金。

在交涉没有结果的情况下,孙某向当地的劳动争议仲裁机构提出了申请,要求食品公司支付解除劳动合同的赔偿金。劳动争议仲裁机构经审理后认为,孙某在食品公司任职期间即已着手开办自己的公司,且经营与食品公司相同的产品,这种行为已经违反了公司员工最基本的忠诚义务和职业操守,食品公司在获悉该情况后即解除与孙某的劳动关系,符合《劳动合同法》的规定,因而裁定食品公司无须支付经济赔偿金。

案件评析

本案是一起竞业限制引发的劳动纠纷。竞业限制是用人单位对负有保守用人单位商业秘密的劳动者,在劳动合同、知识产权权利归属协议或技术保密协议中约定的竞业限制条款。其基本内容:劳动者在终止或解除劳动合同后的一定期限内不得在生产同类产品、经营同类业务或有其他竞争关系的用人单位任职,也不得自己生产与原单位有竞争关系的同类产品或经营同类业务,限制时间由当事人事先约定。按照《劳动合同法》的规定,竞业限制的人员限于用人单位的高级管理人员、高级技术人员和其他负有保密义务的人员。竞业限制的范围、地域、期限由用人单位与劳动者约定,竞业限制的约定不得违反法律、法规的规定。在解除或者终止劳动合同后,上述法律规定的人员到与本单位生产或者经营同类产品、从事同类业务的有竞争关系的其他用人单位,或者自己开业生产或者经营同类产品、从事同类业务的竞业限制期限,不得超过两年。

在本案中,孙某在劳动合同有效期内私自建立某添加剂公司,其行为属于典型的竞业限制违法行为。因此,按照《劳动合同法》的规定,食品公司有权解除劳动合同,而且依法不需要支付经济赔偿金,因为赔偿金只适用于用人单位违法解除劳动合同的情形。

法条链接

《劳动合同法》第二十四条:竞业限制的人员限于用人单位的高级管理人员、高级技术人员和其他负有保密义务的人员。竞业限制的范围、地域、期限由用人单位与劳动者约定,竞业限制的约定不得违反法律、法规的规定。

在解除或者终止劳动合同后,前款规定的人员到与本单位生产或者经营同类产品、从事同类业务的有竞争关系的其他用人单位,或者自己开业生产或者经营同类产品、从事同类业务的竞业限制期限,不得超过二年。

《劳动合同法》第四十八条:用人单位违反本法规定解除或者终止劳动合同,劳动者要求继续履行劳动合同的,用人单位应当继续履行;劳动者不要求继续履行劳动合同或者劳动合同已经不能继续履行的,用人单位应当依照本法第八十七条规定支付赔偿金。

19. 试用期内未签订劳动合同也应支付双倍工资

案情介绍

杜某于2012年5月进入某教育培训公司从事财务工作,双方未签订书面劳动合同,口头约定合同期限为三年,其中试用期为六个月。2012年10月,杜某在公司工作了五个月后辞职。2013年2月,杜某以教育培训公司未与其签订书面劳动合同为由,向劳动人事争议仲裁机构申请劳动仲裁,要求公司支付双倍工资的差额部分。而教育培训公司则认为,在正式劳动合同期不签订劳动合同,才需要承担双倍工资的责任,试用期不存在支付双倍工资的问题。

案件评析

本案涉及对签订劳动合同及其法律责任时间的理解。按照

《劳动合同法》的规定,建立劳动关系,应当订立书面劳动合同。已建立劳动关系,未同时订立书面劳动合同的,应当自用工之日起一个月内订立书面劳动合同。用人单位与劳动者在用工前订立劳动合同的,劳动关系自用工之日起建立。法律规定的含义包括两个方面:一是建立劳动关系至少应在自用工之日起一个月内订立书面劳动合同;二是不论是否已签订书面劳动合同,劳动关系均自用工之日起建立。试用期内是否应签订书面劳动合同,关键在于确定试用是否属于用工。

究竟什么是《劳动合同法》上的"用工"?参照原劳动和社会保障部《关于确立劳动关系有关事项的通知》的规定,用工是有报酬的劳动,同时,这种劳动是用人单位业务的组成部分,劳动者受用人单位管理,遵守用人单位的劳动规章制度。试用也是有报酬的劳动,试用期的劳动也是用人单位业务的组成部分,试用期内的劳动者也要受用人单位管理并遵守用人单位的劳动规章制度。因此,试用属于用工。另外,按照《劳动合同法》的规定,试用期包含在劳动合同期限内,并且在试用期内,用人单位不得随意解除劳动合同。也就是说,劳动者从试用之日起就与用人单位建立了劳动关系。既然从试用之日起,劳动者就与用人单位建立了劳动关系,双方就应当订立书面劳动合同。因此,即使试用期内未签订书面劳动合同,用人单位也应当支付劳动者双倍工资。

法条链接

《劳动合同法》第十九条第四款:试用期包含在劳动合同期限内。劳动合同仅约定试用期的,试用期不成立,该期限为劳动合同期限。

《劳动合同法》第二十一条:在试用期中,除劳动者有本法第三十九条和第四十条第一项、第二项规定的情形外,用人单位不得解除劳动合同。用人单位在试用期解除劳动合同的,应当向劳动者说明理由。

20. 他能获得几个月的双倍工资

案情介绍

2014年4月1日，吴某受聘于某电信公司，从事电话销售工作，电信公司与吴某约定薪酬为底薪三千元，另根据绩效提成。吴某入职后，电信公司一直未与其签订劳动合同，也没有为其缴纳社会保险。2014年7月31日，吴某提出离职，并要求电信公司提供四个月的工资以及经济补偿，提供四个月的工资的理由如下：自己在电信公司工作了四个月，电信公司没有与自己签订劳动合同，依法应当支付双倍工资，虽然过去发了四个月的工资，但仍需要补发四个月的工资。为此，双方发生了争执。随后，吴某向劳动争议仲裁机构提出了仲裁申请，要求电信公司支付2014年4月1日至7月31日期间未签订劳动合同的双倍工资差额，同时还应支付经济补偿金。

劳动争议仲裁机构经审理查明，吴某与电信公司之间确存在劳动关系且未签订书面劳动合同，由此裁决电信公司支付吴某2014年5月1日至7月31日期间未签订劳动合同的双倍工资差额。

案件评析

根据《劳动合同法》及其实施条例的规定，建立劳动关系，应当签订书面合同。已经建立劳动关系，未同时订立书面劳动合同的，用人单位的正确的做法如下：首先，自用工之日起一个月内，用人单位可书面通知劳动者签订劳动合同，劳动者不与用人单位订立书面劳动合同的，用人单位可书面通知劳动者终止劳动关系，且无须向劳动者支付未签订劳动合同的双倍工资；其次，自用工之日起超过一个月不满一年的,用人单位应支付未签订劳动合同的双倍工资。这里特别需要注意的是,计算双倍工资的时间起算点为自用工之日起满一个月的次日,截止点为双方签订书面劳动合同的前一日,最长不超过十一个月。一方面,一个月之内签订劳动合同都属于合法的,也就是说,第一个月的工资是正常按照一个月的工资发放,不存在双倍发放工资的问题;另一方面,超过一年不签订劳动合同的,其法律后果是,视为用人单位和劳动者已经签订了无固定期限劳动合同,此时,不存在每月发放双倍工资的问题。

在本案中,吴某自入职之日起与电信公司已经建立劳动关系。吴某在职四个月内,电信公司一直未与其签订劳动合同。电信公司应当支付吴某未签订劳动合同的双倍工资差额,起算点为2014年5月1日,并应支付至同年7月31日。

法条链接

《劳动合同法》第十条:建立劳动关系,应当订立书面劳动合同。

已建立劳动关系,未同时订立书面劳动合同的,应当自用工之日起一个月内订立书面劳动合同。

用人单位与劳动者在用工前订立劳动合同的,劳动关系自用工之日起建立。

《劳动合同法》第八十二条:用人单位自用工之日起超过一个月不满一年未与劳动者订立书面劳动合同的,应当向劳动者每月支付二倍的工资。

中篇

劳动合同的解除和终止

21. 换了法定代表人，就可以解除劳动合同吗

案情介绍

某中外合资公司与王某签订了为期三年的劳动合同。合同约定，在合同履行期间，如果本合同订立时所依据的客观情况发生变化，致使合同无法履行，经双方协商不能就本合同达成协议的，公司可以提前三十天以书面形式通知王某解除劳动合同。两年后，该公司的法定代表人作了变更。新领导上任后，准备改变经营管理模式，并进行了大规模的裁员。随后，公司以企业名称、性质和法定代表人变更，属于合同订立时所依据的客观情况发生重大变化为由，书面通知王某解除劳动合同。王某不同意，认为自己的劳动合同没有到期，不能以企业法定代表人变更等为由随意解除劳动合同。

案件评析

本案涉及更换法定代表人对劳动合同的影响问题。法定代表

人是指依法代表法人行使民事权利,履行民事义务的主要负责人,例如,工厂的厂长、公司的董事长等。劳动合同是劳动者与法人等用人单位签订的用工协议,即便签字是法定代表人,但这并非其个人行为,而是法人或者单位的行为。不管法定代表人发生什么变化,只要法人或单位存在,原法定代表人与职工依法签订的劳动合同就是有效的,用人单位的法定代表人或者主要负责人变更的,原法定代表人或者主要负责人与劳动者订立劳动合同的职务行为的后果也仍然要由用人单位承担。因此,按照《劳动合同法》的规定,用人单位变更名称、法定代表人、主要负责人或者投资人等事项,不影响劳动合同的效力,劳动合同应当继续履行。

在本案中,虽然公司的法定代表人发生了变更,但其法人资格仍然存续,公司之前的各种法律行为继续有效。因此,公司以法定代表人变化为由解除与王某的劳动合同是没有法律依据的。

法条链接

《劳动合同法》第三十三条:用人单位变更名称、法定代表人、主要负责人或者投资人等事项,不影响劳动合同的履行。

22. 公司有权辞退他们吗

案情介绍

吴某与某物流公司于2006年4月1日签订了五年的固定期限劳动合同。2011年3月28日,吴某发现自己五年的劳动合同即将到期,便向公司的人事部提出续签劳动合同。人事部的负责人说,领导即将更换,等公司新领导确定了,才能够考虑与到期员工续签劳动合同之事,并让吴某安心工作,像吴某这种情况的职工还有近十人。一晃,二十天过去了,吴某等人的劳动合同已经过期,公司还没有跟他们续签合同。又过了两个多月,新老板终于到位,他一上任就决定大幅裁员。吴某与其他一些员工一样,收到了公司发出的终止劳动合同通知书,对此,吴某等人认为,公司不该辞退他们。在交涉未果的情况下,吴某等人不得不接受辞退,但要求公司向自己支付合同到期后又工作两个多月的双倍工资和经济补偿金,没想到却遭到了单位领导的拒绝,单位领导解释说:"你们的劳动合同是到期终止,不可能给你们双倍工资和经济补偿。"吴某辩解说:"我们的合同两个多月前就到期的,你们当时没有终止,这两个多月还在公司劳动,公司不签劳动合同,就该发双倍工资。"公司领导进一步解释说:"不管怎么说,合同到期后,公司没有再跟你续签合同,就可以随时跟你终止劳动关系。"吴某又反问道:"既然合同到期了,公司就不该再让我们工作啊,让我们工作,就意味着公司和我们存在劳动关系。如果按照合同到期而终止合同的话,公司就应该给这两个多月的双倍工资,辞退了就该给我们经济补偿。"在双方争执没有结果后,吴某等人向劳动争议仲裁部门提出仲裁申请,请求其给出公正的解决方案。

案件评析

本案涉及劳动关系、经济补偿等法律问题。本案中的物流公司和吴某等人签订的劳动合同到期后,依法应当终止劳动合同,并向其支付经济补偿金。在吴某等人主动提出办理合同到期事宜后,物流公司并没有选择终止劳动合同事宜,而是让吴某等人继续工作,物流公司的行为实际上就是承认和他们建立了新的劳动关系,这是一种事实劳动关系。所以,物流公司既不能以没有签订书面合同为由,也不能以公司领导更换为由,拒绝和吴某等人终止劳动合同关系。并且在新的劳动合同关系存在的情况下,物流公司自用工之日起超过一个月没有和吴某签订劳动合同的,应当每月支付双倍的工资。

另外,即便是物流公司打算和吴某等人协商解除劳动合同关系,在得到吴某等人的同意后,物流公司也应当依法向他们支付经济补偿金。经济补偿金是在劳动合同解除或终止后,用人单位依法一次性支付给劳动者经济上的补助。法定的经济补偿情形包括劳动合同到期而终止合同、用人单位和劳动者协商一致而解除劳动合同等,因此,物流公司的解释是不合法的。

法条链接

《劳动合同法》第十条:建立劳动关系,应当订立书面劳动合同。

已建立劳动关系,未同时订立书面劳动合同的,应当自用工之日起一个月内订立书面劳动合同。

用人单位与劳动者在用工前订立劳动合同的,劳动关系自用工之日起建立。

《劳动合同法》第三十三条:用人单位变更名称、法定代表人、主要负责人或者投资人等事项,不影响劳动合同的履行。

《劳动合同法》第四十六条:有下列情形之一的,用人单位应当向劳动者支付经济补偿:

(一)劳动者依照本法第三十八条规定解除劳动合同的;

(二)用人单位依照本法第三十六条规定向劳动者提出解除劳动合同并与劳动者协商一致解除劳动合同的;

(三)用人单位依照本法第四十条规定解除劳动合同的;

(四)用人单位依照本法第四十一条第一款规定解除劳动合同的;

(五)除用人单位维持或者提高劳动合同约定条件续订劳动合

同,劳动者不同意续订的情形外,依照本法第四十四条第一项规定终止固定期限劳动合同的;

(六)依照本法第四十四条第四项、第五项规定终止劳动合同的;

(七)法律、行政法规规定的其他情形。

23. 解聘劳动者岂能秋后算账

案情介绍

乔某于2000年5月26日进入某建筑施工企业工作,任职压铸部领班。双方先后签订了几份不同的劳动合同,最后一份劳动合同的期限为2011年4月1日至2012年3月31日。2010年12月27日,该建筑施工企业以乔某失职造成火灾为由,对其作记大过一次处分,乔某在该奖惩单上签了名。2011年5月5日,该建筑施工企业又以乔某5月1日晚上上班时间睡觉为由,又对其处以记大过一次处分。2011年5月16日,建筑施工企业依据该公司依法定程序制定并在劳动管理部门备案的管理制度中关于"积满两次大过作出开除处理"的规定,对乔某作出解聘处理。乔某后申请劳动仲裁,要求施工企业支付其违法解除劳动合同的赔偿金。劳动争议仲裁机构认定,2010年12月27日乔某工作失职行为发生于前一劳动合同期限内,不应作为解除当前劳动合同的依据,该建筑施工企业如果坚持解除与乔某的劳动合同,则应当支付违法解除劳动合同的赔偿金。

案件评析

本案的争议焦点在于用人单位解除劳动合同事由的发生是否

有期限限制问题,即劳动合同解除事由能否适用除斥期间制度。所谓"除斥期间",是指法律规定或当事人依法确定的某种权利行使的存续期间,该期间届满,则权利当然消灭。

在实践中,用人单位经常以劳动者前一劳动合同期内或多年前出现的过错而解除当前的劳动合同的情况。尽管《劳动合同法》及其他劳动法律法规未对劳动合同解除事由发生的时间作出具体的限制,并且用人单位或劳动者以多年前的失职或违法行为提出解除劳动合同,在法律上并无障碍。但是,劳资双方中的任何一方在对方具备解除劳动合同情形的当时并未提出解除劳动合同,而是继续延续劳动关系,甚至续订了劳动合同,时过境迁,却以多年前的失职或违法行为提出解除劳动合同,有违《劳动合同法》的公平和诚实信用原则,也容易使劳动关系陷入不稳定状态。所以,本案中劳动仲裁机构的裁决是正确的。

法眼辨析

诉讼时效与除斥期间的区别。诉讼时效是指在法定期间内不行使权利的权利人,丧失在诉讼中的胜诉权的法律制度,胜诉权虽然消灭,但实体法上的权利并不消灭。除斥期间为法定的权利存续期间,因该期间经过而发生权利自然消灭的法律后果。二者的区别如下:

第一,适用对象不同。诉讼时效的规定仅适用于当事人行使请求权;除斥期间主要适用于形成权,也可适用于请求权。所谓"形成权",是指权利人根据自己的单方意思表示就能使民事法律关系发生、变更与消灭的权利。形成权的行使不需要对方当事人的同意,只取决于权利人的单方面意志。例如,可撤销合同、可撤销婚姻等,只要享有撤销权的一方当事人行使撤销权,合同、婚姻就无效,而不需要和对方当事人协商。

第二,构成要件不同。诉讼时效必须具备两个要件,即法定期间经过和权利持续性不行使两个事实状态;除斥期间只需一个要件,即法定期间经过。

第三,法律效力不同。在诉讼时效期间内,权利人不行使请求对方当事人履行义务时,民法上的权利本身并不消灭,而只是消灭附着于其上的胜诉权,即官司打不赢;除斥期间届满,则本可以行使的权利就将消灭。

第四,期间起算点不同。诉讼时效期间自权利人知道或应当知道权利被侵害之日,即权利人能行使权利之日起开始计算;除斥期间一般自权利成立之时计算。

第五,期间是否可变不同。诉讼时效期间是可变期间,可以中止、中断、延长;除斥期间为不变期间,不能中止、中断、延长。

法条链接

《劳动合同法》第三条:订立劳动合同,应当遵循合法、公平、平等自愿、协商一致、诚实信用的原则。

《最高人民法院关于贯彻执行〈中华人民共和国民法通则〉若干问题的意见(试行)》第七十三条第二款:可变更或者可撤销的民事行为,自行为成立时起超过一年当事人才请求变更或者撤销的,人民法院不予保护。

24.外出学习丢了工作

案情介绍

高某大学毕业后与某电力设备公司签订了期限为五年的劳动合同,合同约定高某在合同期内不得外出继续深造。合同签订的

中篇 劳动合同的解除和终止

第二年,高某向单位申请利用业余时间自费到外地某高校在职攻读与本岗位相关的专业硕士学位,公司领导考虑到其选择的学校和专业与工作岗位关系密切,而且主要利用业余时间,便口头表示同意,并强调,除了双休日可自行支配外,每周占用工作时间用于学习的不得超过一天。在学习期间,公司领导认为高某经常占用过多的工作时间,其岗位经常出现工作脱节现象,并影响到其他环节的工作,其他同事也为此不断抱怨。在高某外出学习的第二年,单位以其违反了劳动纪律为由,将其按下岗富余人员待遇处理,每月只发放其基本工资。三年后,高某完成了学业,要求回原岗位上班,但公司以岗位已由其他人员替代为由不予接收。人事部门也将其档案退回了市人才交流中心,并停发了高某的工资福利待遇等。在交涉半年未果后,高某向当地劳动争议仲裁机构申请仲裁,经调解后,双方达成了协议:公司补发曾扣发的高某的工资福利,双方解除劳动合同关系;高某在调解后五天内到市人才交流中心报到,另谋职业。

案件评析

本案是一起因职工外出学习引发的劳动争议。劳动纠纷的根本原因在于用人单位和高某劳动合同意识较为淡薄，双方没有就半脱产学习进行劳动合同的变更，进而导致纠纷。

职工在职学习或接受教育培训原本属于法律鼓励和保障的一项权利，按照《劳动法》的规定，劳动者有接受职业技能培训的权利。早在1986年，国务院就发布了《国营企业实行劳动合同制暂行规定》，并规定，劳动合同制工人与所在企业原固定工人享有同等的劳动、工作、学习、参加企业民主管理、获得政治荣誉和物质鼓励等权利。这里所指的学习，包括参加业务技术培训以及被选送脱产参加正规学校学习和用业余时间自费参加各种业务学习。因此，高某的学习是合法的，应得到用人单位的支持和鼓励。

但问题在于，高某应当和用人单位签订劳动合同的补充协议或者变更劳动合同，就外出学习的性质、时间、职责、经费等一系列问题作具体的书面约定，而本案仅是单位领导口头答应。从劳动合同变更的法律要求来看，《劳动合同法》明确规定，用人单位与劳动者协商一致，可以变更劳动合同约定的内容。变更劳动合同，应当采用书面形式。只有这样，才能依法保护双方的合法权益，避免发生劳动纠纷。由于本案的双方没有签订书面协议，高某影响工作情况出现之后，单位让高某下岗，甚至停发其工资等。从单位管理的角度看，该电力设备公司的做法也并无违法或不妥之处，所以，劳动争议仲裁机构的调解结果是合法的。

法条链接

《劳动法》第三条：劳动者享有平等就业和选择职业的权利、取得劳动报酬的权利、休息休假的权利、获得劳动安全卫生保护的权利、接受职业技能培训的权利、享受社会保险和福利的权利、提请劳动争议处理的权利以及法律规定的其他劳动权利。

劳动者应当完成劳动任务,提高职业技能,执行劳动安全卫生规程,遵守劳动纪律和职业道德。

《劳动法》第二十五条:劳动者有下列情形之一的,用人单位可以解除劳动合同:

(一)在试用期间被证明不符合录用条件的;

(二)严重违反劳动纪律或者用人单位规章制度的;

(三)严重失职,营私舞弊,对用人单位利益造成重大损害的;

(四)被依法追究刑事责任的。

《劳动合同法》第三十五条:用人单位与劳动者协商一致,可以变更劳动合同约定的内容。变更劳动合同,应当采用书面形式。

25. 解约后仍工作,单位得支付双倍工资

案情介绍

洪某是某家具公司的员工,2012年5月经面试通过后,双方签订了五年期限的劳动合同。2014年7月5日,双方因故签订了解除劳动合同协议书。同一天,洪某收取了家具公司支付的工资及解除劳动合同的补偿金等。然而,解除劳动合同协议书签订后,洪某并没有离开公司,一直在原岗位工作至2014年9月底才离职。而公司也在9月30日一次性支付了报酬。洪某认为,在此期间,公司未提出签订劳动合同,依法应当向自己支付双倍工资差额,为此,双方发生纠纷,洪某便向当地的劳动争议仲裁机构申请仲裁。

仲裁机构认定双方劳动关系解除后,又于2014年7月6日重新建立劳动关系,并至2014年9月30日结束。由于用人单位自用

工之日起超过一个月不满一年未与劳动者订立书面劳动合同,应当向劳动者每月支付双倍的工资,所以,仲裁机构裁决家具公司应于 2014 年 8 月 6 日起支付洪某未签订书面劳动合同双倍工资差额。

家具公司不服仲裁裁决,向法院提起诉讼,请求法院撤销仲裁裁决。经法院审查,家具公司在出具的申请书中表示,2014 年 7 月 6 日洪某是私自到公司上班,考虑到 7 月 6 日至 9 月 30 日洪某确实上班,公司也于 9 月 30 日一次性支付了报酬。因此,法院认定,公司以此申请撤销仲裁裁决的理由不成立。

案件评析

本案涉及事实劳动关系和不签订劳动合同的制裁措施等问题。在本案中,虽然洪某已经和家具公司办理了劳动合同终止的手续,但后来洪某并未离开公司,而是在原来的岗位上继续劳动,对此,公司非但没有任何异议,还支付了相应的劳动报酬,这就意味着从 2014 年 7 月 6 日这一天开始,双方建立了新的劳动合同关系,因没有签订书面的劳动合同,这种劳动关系属于事实劳动合同关系。按照《劳动合同法》的规定,用人单位自用工之日起即与劳动者建立劳动关系。如果用人单位自用工之日起超过一个月不满一年未与劳动者订立书面劳动合同的,应当向劳动者每月支付双倍的工资。当家具公司 2014 年 9 月 30 日再次计算工资并要求洪某离开时,实际上就是解除新的劳动合同关系,洪某要求支付双倍工资是有法律依据的。因此,劳动仲裁机构和法院对本案的处理都是正确的。

法条链接

《劳动合同法》第七条:用人单位自用工之日起即与劳动者建

立劳动关系。用人单位应当建立职工名册备查。

《劳动合同法》第八十二条：用人单位自用工之日起超过一个月不满一年未与劳动者订立书面劳动合同的，应当向劳动者每月支付二倍的工资。

26. 违法辞退应支付赔偿金而非补偿金

案情介绍

姜某自2008年12月20日起就职于某服装进出口公司，合同期限为五年，月工资为三千元。2012年12月30日，在合同还没有到期的情况下，单位没有任何理由，单方面通知姜某离职，而且拒付任何经济补偿，并且要求姜某接到通知后，马上离职。姜某一怒之下到当地仲裁机构申请劳动争议仲裁，要求单位支付解除劳动合同的经济补偿金和赔偿金。在仲裁过程中，公司只认可支付经济补偿金，而拒不接受支付赔偿金的要求。仲裁机构认为，公司属于违法解除劳动合同，而且姜某也表示不愿意再维持劳动合同关系，公司依法应当支付赔偿金。公司不服，向当地的法院提起诉讼，法院判决的结果与劳动仲裁机构的裁决基本一致。

案件评析

本案涉及的是用人单位违法解除劳动合同及其法律后果的问题。按照《劳动合同法》的规定，用人单位违反本法规定解除或者终止劳动合同，劳动者要求继续履行劳动合同的，用人单位应当继续履行；劳动者不要求继续履行劳动合同或者劳动合同已经不能继续履行的，用人单位应当承担的法律责任是，依照《劳动合同法》规定的经济补偿标准为向劳动者支付双倍赔偿金，即用人单位应当按照劳动者在该单位工作的年限,每满一年支付两个月工资的标准向劳动者支付赔偿金。如果劳动者在该单位的工作年限不满一年的应按一年计算;如果劳动者在该单位工作年限超过十二年的,用人单位向其支付经济赔偿金的年限最高仍不超过十二年;如果劳动者月工资高于用人单位所在直辖市、设区的市上年度职工月平均工资三倍的,用人单位应当按照用人单位所在直辖市、设区的市上年度职工月平均工资六倍的数额赔偿。还需要注意的是,这里所称劳动者月工资是指劳动者在劳动合同解除或者终止前十二个月的平均工资。

用人单位违法解除劳动合同的主要表现:(1)滥用关于试用期的单方解除权。在没有约定试用期,或者试用期的约定违法,或者已过了试用期的情况下,仍以试用期内不符合录用条件为由,解除与劳动者的劳动合同。(2)滥用关于违反劳动纪律或用人单位规章制度的单方解除权。在没有企业规章制度,或者规章制度违法;或者规章制度没有公示;或者违纪行为轻微的情况下,以劳动者严重违反劳动纪律或用人单位规章制度为由,解除与劳动者的劳动合同。(3)滥用经济性裁员的单方解除权。在不符合经济性裁员条件和程序的情况下,解除与劳动者的劳动合同。(4)滥用关于劳动者不能胜任工作的单方解除权。随意调动劳动者工作岗位或提高定额标准,借口劳动者不能胜任工作而解除与劳动者的劳动合同。(5)随意辞退处于孕期、产期、哺乳期女职工和在医疗期内的劳动者。(6)辞退劳动者不出具任何书面通知及其理由,也即无故辞退劳动者。

在本案中,某服装进出口公司无故辞退姜某的行为就属于违法解除劳动合同的情形,由于姜某事后也明确表示不再继续履行劳动合同,所以,公司就应当按照法律规定支付相当于双倍经济补偿的经济赔偿金,劳动仲裁机构和法院的处理是正确的。

法眼辨析

经济补偿金与赔偿金的区别。二者有以下几点不同：

(1)经济补偿金和赔偿金支付的法律依据不同。经济补偿金的支付依据为《劳动合同法》第四十六条规定，属于双方或单方依法解除劳动合同的情形；赔偿金的支付依据为《劳动合同法》第八十七条规定，即用人单位单方面违法解除劳动合同的情形。

(2)支付经济补偿金和赔偿金的性质不同。经济补偿的情形是用人单位依法解除劳动合同或者劳动合同依法终止时用人单位支付给劳动者的补偿。赔偿金则是对用人单位违法解除劳动合同的一种惩罚。

(3)经济补偿金和赔偿金不能同时主张。如果发生劳动争议，劳动者不能向用人单位同时主张支付经济补偿金和赔偿金。用人单位解除劳动合同包括依法解除和违法解除两种。用人单位依法解除劳动合同时是否要向劳动者支付经济补偿金，要视情况而论。如果是劳动者存在《劳动合同法》第三十九条列举的过失情形，用人单位行使劳动合同解除权的，无须承担补偿责任。也就是说，支付经济补偿金是用人单位合法解除劳动关系应承担的法定义务，具有补偿性质；支付赔偿金则是用人单位违法行使劳动合同解除权时应当承担的法定责任，具有制裁性，经济补偿金和赔偿金不能同时并用。

(4)经济补偿金和赔偿金的标准不同。经济补偿金主要按照劳动者的工龄来计算，具有法定的标准，而赔偿金标准是经济补偿金的双倍。

法条链接

《劳动合同法》第八十七条：用人单位违反本法规定解除或者

终止劳动合同的,应当依照本法第四十七条规定的经济补偿标准的二倍向劳动者支付赔偿金。

《劳动合同法》第四十七条:经济补偿按劳动者在本单位工作的年限,每满一年支付一个月工资的标准向劳动者支付。六个月以上不满一年的,按一年计算;不满六个月的,向劳动者支付半个月工资的经济补偿。

劳动者月工资高于用人单位所在直辖市、设区的市级人民政府公布的本地区上年度职工月平均工资三倍的,向其支付经济补偿的标准按职工月平均工资三倍的数额支付,向其支付经济补偿的年限最高不超过十二年。

本条所称月工资是指劳动者在劳动合同解除或者终止前十二个月的平均工资。

《劳动合同法》第四十八条:用人单位违反本法规定解除或者终止劳动合同,劳动者要求继续履行劳动合同的,用人单位应当继续履行;劳动者不要求继续履行劳动合同或者劳动合同已经不能继续履行的,用人单位应当依照本法第八十七条规定支付赔偿金。

27. 合同期患病,单位能否解除劳动合同

案情介绍

柳某在某房地产开发有限公司当会计,劳动合同期满时间是2012年11月1日。2010年4月,柳某被确诊患有脊椎神经方面的疾病,无法正常上班,便办理了三个月的请假手续,虽经积极治疗,但病情一直未有明显好转,后被鉴定为完全丧失劳动能力。2011年1月26日,公司决定解除劳动合同,并支付柳某工资至2011年1月。柳某不接受,并认为自己的疾病属于职业病,公司不应解除

劳动合同。但经过鉴定,柳某的疾病并非职业病。为此,双方发生了争执,在协商不成的情况下,柳某向当地的劳动争议仲裁机构提出仲裁申请,请求予以裁决。

案件评析

按照《劳动合同法》的规定,劳动者患病或者非因工负伤,在规定的医疗期满后不能从事原工作也不能从事由用人单位另行安排的工作的,用人单位提前三十天以书面形式通知劳动者本人或者额外支付劳动者一个月工资后,可以解除劳动合同。

根据原劳动部颁布的《企业职工患病或非因工负伤医疗期规定》第二条的规定:"医疗期是指企业职工因患病或非因工负伤停止工作治病休息不得解除劳动合同的时限。"这里的"医疗期",是指劳动者根据其工龄等条件,依法可以享受的停工医疗并发给病假工资的期间,而不是劳动者病伤治愈实际需要的医疗期。劳动者患病或者非因工负伤,有权在医疗期内进行治疗和休息,不从事劳动。但在医疗期满后,劳动者就有义务进行劳动。如果劳动者

由于身体健康原因不能胜任工作，用人单位有义务为其调动岗位，选择他力所能及的岗位工作。如果劳动者对用人单位重新安排的工作也无法完成，说明劳动者不能履行合同，用人单位需提前三十天以书面形式通知其本人或额外支付劳动者一个月工资后，解除劳动合同，以便劳动者在心理上和时间上为重新就业做准备。

在本案中，由于柳某所患疾病不属于职业病，而且治疗后被鉴定为完全丧失劳动能力，在此情形下，其显然无法再适应公司任何工作岗位的要求，公司解除与其签订劳动合同的行为是合法的。

法条链接

《劳动合同法》第四十条：有下列情形之一的，用人单位提前三十日以书面形式通知劳动者本人或者额外支付劳动者一个月工资后，可以解除劳动合同：

（一）劳动者患病或者非因工负伤，在规定的医疗期满后不能从事原工作，也不能从事由用人单位另行安排的工作的；

（二）劳动者不能胜任工作，经过培训或者调整工作岗位，仍不能胜任工作的；

（三）劳动合同订立时所依据的客观情况发生重大变化，致使劳动合同无法履行，经用人单位与劳动者协商，未能就变更劳动合同内容达成协议的。

28. 他无权要求经济补偿

案情介绍

陈某于2011年5月到某广告设计公司上班。2011年7月29日，该公司制定了考勤管理制度，规定旷工达三天以上(含三天)作自动离职处理,同时在《员工手册》中规定,员工请事假应事先以书面形式向部门主管申请,经部门主管批准予以生效;如未办任何手续或请假未经同意而缺勤者,一律作旷工处理;员工连续旷工三天,或一年内累积旷工七天的,公司有权解除合同。该公司2012年1月工资表上记载陈某应出勤二十六天,实出勤十三天半。自2012年2月初起,陈某就没有在该广告设计公司上班,也未履行请假手续。为此,广告公司通知陈某,按照劳动合同的约定,劳动合同自2012年2月自行解除。

陈某接到解除劳动合同的通知后,于2012年3月1日,申请劳动仲裁,其申请仲裁的目的有两个方面:一是接受解除劳动合同,并表示早就不想在该广告公司工作了;二是请求广告设计公司支付经济补偿金。劳动争议仲裁机构裁定驳回陈某的要求支付经济补偿金的请求。陈某不服,向法院起诉,法院经审理认为,陈某自2012年2月初起就没有在广告设计公司上班,也无证据证明其向该广告设计公司请假并经该广告设计公司同意,所以,应当认定自2012年2月初起陈某已自动离职,其行为不符合用人单位支付职工经济补偿金的条件,因此,对陈某的诉讼请求,法院不予支持。

案件评析

本案是关于无故旷工而导致劳动合同终止后,用人单位是否支付经济补偿金的问题。

为了保护劳动者的合法权益,《劳动合同法》赋予了劳动者以单方即时解除权,劳动者依法解除劳动合同时,可以要求用人单位支付经济补偿金。劳动者要求用人单位支付经济补偿金,须具备两个条件:第一,劳动者有明确的解除劳动合同的意思表示;第二,劳动者提出解除劳动合同的事由属于《劳动合同法》第三十八条规定的情形。在本案中,陈某是在没有征求公司意见的情况下自行离开,并没有基于《劳动合同法》第三十八条而作出单方解除劳动合同的意思表示,也没有提出要求单位支付经济补偿金的主张。因此,应当推定陈某是由于个人原因离开公司,单方解除了与该广告设计公司的劳动合同。

在本案中,陈某不辞而别的行为即旷工行为,应认定为其违法解除劳动关系。按照《劳动合同法》的规定,劳动者即便是可以单方面解除劳动合同,应提前三十天通知用人单位,而陈某没有依法通知广告公司,另外,其解除劳动合同也不存在和用人单位协商一致解除的情形,所以,陈某的行为属于违法解除劳动合同。依据《劳动合同法》的规定,陈某无权要求用人单位支付经济补偿。

法条链接

《劳动合同法》第三十六条:用人单位与劳动者协商一致,可以解除劳动合同。

《劳动合同法》第三十七条:劳动者提前三十日以书面形式通知用人单位,可以解除劳动合同。劳动者在试用期内提前三日通知用人单位,可以解除劳动合同。

《劳动合同法》第三十八条:用人单位有下列情形之一的,劳动者可以解除劳动合同:

(一)未按照劳动合同约定提供劳动保护或者劳动条件的;

(二)未及时足额支付劳动报酬的;

(三)未依法为劳动者缴纳社会保险费的;

(四)用人单位的规章制度违反法律、法规的规定,损害劳动者权益的;

(五)因本法第二十六条第一款规定的情形致使劳动合同无效的;

(六)法律、行政法规规定劳动者可以解除劳动合同的其他情形。

用人单位以暴力、威胁或者非法限制人身自由的手段强迫劳动者劳动的,或者用人单位违章指挥、强令冒险作业危及劳动者人身安全的,劳动者可以立即解除劳动合同,不需事先告知用人单位。

《劳动合同法》第四十六条:有下列情形之一的,用人单位应当向劳动者支付经济补偿:

(一)劳动者依照本法第三十八条规定解除劳动合同的;

(二)用人单位依照本法第三十六条规定向劳动者提出解除劳动合同并与劳动者协商一致解除劳动合同的。

29. 该支付多少经济补偿

案情介绍

徐某自2008年1月1日进入某软件公司工作,双方订立了一份为期四年的劳动合同,约定月基本工资两千元。2011年12月28日,公司书面通知徐某,在劳动合同期满后不再与其续签。2012年1月初,公司办理了终止劳动合同的手续。徐某认为,劳动合同可以终止,但是公司必须支付其2008年1月1日至2011年12月31日共计四个月的经济补偿一万六千元。而软件公司则认为,不应当支付这么多的经济补偿,为此,双方发生了争执,徐某向当地劳动争议仲裁机构申请仲裁。

劳动争议仲裁机构认为,根据《劳动合同法》的规定,除用人单位维持或者提高劳动合同约定条件续订劳动合同,劳动者不同意续订的情形外,劳动合同期满终止的,用人单位应当向劳动者支付经济补偿。故软件公司在劳动合同期满时,不与徐某续签劳动合同,应当向徐某支付经济补偿八千元。

案件评析

本案涉及经济补偿及其计算标准问题。经济补偿金是在劳动合同解除或终止后,用人单位依法一次性支付给劳动者经济上的补助。关于经济补偿的计算方法,解释如下:

(1)关于补偿年限的计算标准

①经济补偿金按劳动者在本单位工作的年限,每满一年支付一个月工资的标准向劳动者支付。六个月以上不满一年的,按一年计算;不满六个月的,向劳动者支付半个月工资标准的经济补偿。

②劳动者非由于本人原因从原用人单位被安排到新用人单位工作的,劳动者在原用人单位的工作年限合并计入新用人单位的工作年限。原用人单位已经向劳动者支付经济补偿金的,新用人单位在依法解除、终止劳动合同计算支付经济补偿金的工作年限时,不再计算劳动者在原用人单位的工作年限。

(2)关于补偿基数的计算标准

①月工资按照劳动者应得工资计算,包括计时工资或者计件工资以及奖金、津贴和补贴等货币性收入。

②劳动者在劳动合同解除或者终止前十二个月的平均工资低于当地最低工资标准的,按照当地最低工资标准计算。劳动者工作不满十二个月的,按照实际工作的月数计算平均工资。

③劳动者月工资高于用人单位所在直辖市、设区的市级人民政府公布的本地区上年度职工月平均工资三倍的,向其支付经济补偿金的标准按职工月平均工资三倍的数额支付,向其支付经济补偿金的年限最高不超过十二年。计算公式如下:

经济补偿金=工作年限(最高不超过十二年)×当地上年度职

工月平均工资三倍。

在本案中,徐某要求软件公司支付一万六千元经济补偿金的主张是不合法的,软件公司依法只需要支付八千元的经济补偿金。

法条链接

《劳动合同法》第四十七条:经济补偿按劳动者在本单位工作的年限,每满一年支付一个月工资的标准向劳动者支付。六个月以上不满一年的,按一年计算;不满六个月的,向劳动者支付半个月工资的经济补偿。

劳动者月工资高于用人单位所在直辖市、设区的市级人民政府公布的本地区上年度职工月平均工资三倍的,向其支付经济补偿的标准按职工月平均工资三倍的数额支付,向其支付经济补偿的年限最高不超过十二年。

本条所称月工资是指劳动者在劳动合同解除或者终止前十二个月的平均工资。

30. 终止有职业病危害的劳动合同应先体检

案情介绍

2012年6月1日,汪某与某涂料制品生产厂签订了两年的劳动合同。2014年5月31日,汪某的劳动合同到期。公司表示不再与其续签劳动合同,并向汪某发出了劳动合同期满终止通知书,支付了其两个月的经济补偿金。汪某向公司提出为其安排体检的要求,但公司表示,单位每年都安排所有职工参加例行的健康体检,现汪某劳动合同期满终止,无须进行专门的离岗前健康体检。汪某不服,向当地劳动争议仲裁机构提起仲裁申请,他认为,公司未对其进行离岗前健康体检而与其终止劳动合同的行为属于违法解除劳动合同，应当依法支付其赔偿金。

案件评析

本案涉及解除有职业病危害的劳动合同的问题。职业病是指企业、事业单位和个体经济组织的劳动者在职业活动中，因接触粉尘、放射性物质和其他有毒、有害物质等因素而引起的疾病。是否有职业病，关系到工人能否享受国家的劳动保险待遇，所以，职业病问题不仅是个医学问题，同时也是个劳动与社会保障的法律问题。《劳动合同法》规定，从事接触职业病危害作业的劳动者未进行离岗前职业健康检查，或者疑似职业病病人在诊断或者医学观察期间的，用人单位不得解除劳动合同。劳动合同期满，从事接触职业病危害作业的劳动者未进行离岗前职业健康检查，或者疑似职业病病人在诊断或者医学观察期间的，劳动合同应当续延至相应的情形消失时终止。另外，《职业病防治法》也规定，用人单位应当及时安排对疑似职业病病人进行诊断；在疑似职业病病人诊断

或者医学观察期间,不得解除或者终止与其订立的劳动合同。

在本案中,汪某的岗位为有毒有害的职业岗位,工厂在解除劳动合同前,依法应对汪某进行健康体检,体检费用由工厂承担。如体检报告为无职业病,双方劳动关系续延至体检当月终止。在此期间,汪某不用上班,单位应按汪某在职期间的工资待遇支付其工资。

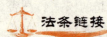

法条链接

《劳动合同法》第四十二条:劳动者有下列情形之一的,用人单位不得依照本法第四十条、第四十一条的规定解除劳动合同:

(一)从事接触职业病危害作业的劳动者未进行离岗前职业健康检查,或者疑似职业病病人在诊断或者医学观察期间的;

(二)在本单位患职业病或者因工负伤并被确认丧失或者部分丧失劳动能力的;

(三)患病或者非因工负伤,在规定的医疗期内的;

(四)女职工在孕期、产期、哺乳期的;

(五)在本单位连续工作满十五年,且距法定退休年龄不足五年的;

(六)法律、行政法规规定的其他情形。

《职业病防治法》第三十六条:对从事接触职业病危害的作业的劳动者,用人单位应当按照国务院安全生产监督管理部门、卫生行政部门的规定组织上岗前、在岗期间和离岗时的职业健康检查,并将检查结果书面告知劳动者。职业健康检查费用由用人单位承担。

用人单位不得安排未经上岗前职业健康检查的劳动者从事接触职业病危害的作业;不得安排有职业禁忌的劳动者从事其所禁忌的作业;对在职业健康检查中发现有与所从事的职业相关的健康损害的劳动者,应当调离原工作岗位,并妥善安置;对未进行离岗前职业健康检查的劳动者不得解除或者终止与其订立的劳动合同。

31. 劳动者依法解除合同，用人单位不得克扣工资

案情介绍

2011年8月，乔某经熟人介绍，到某花卉苗木公司上班，双方签订了三年的劳动合同，每月工资为一千八百元，并且每季度初发放上个季度的工资。双方在劳动合同中约定，如果乔某在花卉苗木公司工作不满三年辞职，将视为违约，并将扣发本季度工资作为违约金。由于花卉苗木公司一直不给乔某缴纳社会保险费，乔某便于2014年6月向该花卉苗木公司提出书面申请，要求解除劳动合同。花卉苗木公司认为，乔某在合同期满前两个月就提出辞职，是一种违约行为，而且辞职太突然，单位临时找不到替代的职工，为此，花卉苗木公司便按当初约定，要扣除乔某最后一个季度的工资五千四百元作为违约金。乔某多次找花卉苗木公司领导协商，要求不扣或少扣，遭到拒绝。为此，乔某向当地劳动争议仲裁机构提出了仲裁申请。

案件评析

本案涉及工资发放、劳动合同解除等问题。关于工资或劳动报酬问题，根据《劳动法》的规定，工资应当以货币形式按月支付给劳动者本人，不得克扣或者无故拖欠劳动者的工资。《劳动合同法》则进一步规定，用人单位应当按照劳动合同约定和国家规定，向劳动者及时足额支付劳动报酬。用人单位拖欠或者未足额支付劳动报酬的，劳动者可以依法向当地人民法院申请支付令，人民法院应当依法发出支付令。这些规定都明确表明了克扣或者拖欠工

资是违法的。在本案中,花卉苗木公司不仅不应该按季度发放乔某的工资,也不应该以乔某辞职为由而扣发其工资。

就解除劳动合同而言,按照《劳动合同法》的规定,如果用人单位不给劳动者办理社保的,就属于违法行为,劳动者有权依法单方面解除劳动合同,当然,法律要求劳动者应当提前三十天以书面形式通知用人单位。在本案中,用人单位花卉苗木公司未依法为劳动者缴纳社会保险费,乔某可以解除劳动合同,另外,本案中乔某已经依法提前三十天递交书面的解除劳动合同的申请,这并非是违约行为,因此,花卉苗木公司的解释于法无据。

法条链接

《劳动法》第五十条:工资应当以货币形式按月支付给劳动者本人。不得克扣或者无故拖欠劳动者的工资。

《劳动合同法》第三十条:用人单位应当按照劳动合同约定和国家规定,向劳动者及时足额支付劳动报酬。

用人单位拖欠或者未足额支付劳动报酬的,劳动者可以依法向当地人民法院申请支付令,人民法院应当依法发出支付令。

《劳动合同法》第三十七条:劳动者提前三十日以书面形式通知用人单位,可以解除劳动合同。劳动者在试用期内提前三日通知用人单位,可以解除劳动合同。

《劳动合同法》第三十八条:用人单位有下列情形之一的,劳动者可以解除劳动合同:

(一)未按照劳动合同约定提供劳动保护或者劳动条件的;

(二)未及时足额支付劳动报酬的;

(三)未依法为劳动者缴纳社会保险费的;

(四)用人单位的规章制度违反法律、法规的规定,损害劳动者权益的;

(五)因本法第二十六条第一款规定的情形致使劳动合同无效的;

(六)法律、行政法规规定劳动者可以解除劳动合同的其他情形。

32. 接受培训的职工提前辞职应承担违约金

案情介绍

2012年11月,郑某与某电厂签订了为期五年的劳动合同。2013年2月,为了提高劳动技能,电厂将郑某等职工送到某大城市进行业务培训三个月。外出培训前,电厂与每位接受培训员工签订了一份培训协议,双方约定:以剩余的劳动合同期限作为培训后职工在电厂的服务期限,电厂为每一位参加培训的员工支付了六千元的培训费;在培训后的工作服务期内,职工违约或提前离职都要按照违约期限进行折算,以相应的培训费作为违约金。

2013年5月,郑某培训结束后回到电厂工作,前几个月,郑某的工作表现非常好,可是,同年9月之后,电厂发现郑某连续二十多天旷工,在多方联系后,电厂得知郑某到了某电缆厂上班。为此,电厂要求郑某尽快回厂上班,否则,电厂将以严重违纪依法解除其劳动合同,并保留按照培训协议向其追索违约金的权利。见郑某无动于衷,电厂向劳动争议仲裁机构提出了仲裁申请,要求郑某按培训协议支付违约金六千元,仲裁机构裁定支持电厂的主张。

案件评析

按照《劳动合同法》的规定,用人单位为劳动者提供专项培训费用,对其进行专业技术培训的,可以与该劳动者订立协议,约定服务期。劳动者违反服务期约定的,应当按照约定向用人单位支付违约金。为了更好地实施《劳动合同法》有关服务期方面的规定,防止用人单位在计算违约金时不合理地扩大数额,维护用人单位和劳动者的合法权益,国务院制定的《劳动合同法实施条例》对专项培训费用作出了明确规定,即培训费用包括用人单位为了对劳动者进行专业技术培训而支付的有凭证的培训费用、培训期间的差旅费,以及因培训产生的用于劳动者本人的其他直接费用。

在本案中,电厂为了提高员工技能,将郑某等职工送到外地培训并签有协议,郑某在接受培训后就有义务履行双方签订的培训协议,而郑某私自到其他单位工作,单方面违反培训协议的约定,他就应当依法按照双方关于培训的约定,向电厂支付违约金。因此,电厂要求郑某支付违约金六千元是合法的。

法条链接

《劳动合同法》第二十二条:用人单位为劳动者提供专项培训费用,对其进行专业技术培训的,可以与该劳动者订立协议,约定服务期。

劳动者违反服务期约定的,应当按照约定向用人单位支付违约金。违约金的数额不得超过用人单位提供的培训费用。用人单位要求劳动者支付的违约金不得超过服务期尚未履行部分所应分摊的培训费用。

用人单位与劳动者约定服务期的,不影响按照正常的工资调整机制提高劳动者在服务期期间的劳动报酬。

《劳动合同法实施条例》第十六条:劳动合同法第二十二条第二款规定的培训费用,包括用人单位为了对劳动者进行专业技术培训而支付的有凭证的培训费用、培训期间的差旅费用以及因培训产生的用于该劳动者的其他直接费用。

33. 试用期内单位能否解聘怀孕的女职工

案情介绍

2013年12月1日,龚某与某房屋销售公司签订了为期三年的劳动合同,约定试用期为六个月,工资为每月两千元,其岗位是咨询顾问。2014年4月30日,龚某经医院诊断怀孕,按照医嘱,龚某需要长期在家休养,否则,她有流产的危险。龚某在试用期内实际工作一百二十天,累计病假三十一天。在公司工作期间,龚某前五个月的考核为优秀,第六个月因病假在家未工作,考核均为零分。

2014年5月31日,公司以龚某试用期不具备咨询顾问岗位能力为由,决定解除与龚某的劳动合同。龚某得知自己在怀孕期间被解除劳动合同后,于2014年6月2日向劳动争议仲裁机构提出仲裁请求,请求仲裁机构裁决房屋销售公司恢复与其劳动关系。

案件评析

本案涉及女职工"三期"(即孕期、产期、哺乳期)内能否被解聘的法律问题。按照《劳动合同法》的规定,试用期内劳动者被证明不符合录用条件的,用人单位可以解除其劳动合同。这里的"劳动者"包含"三期"女职工。因此,用人单位解除不符合录用条件的"三期"女职工劳动合同,具有法律依据。但问题在于,能否将怀孕作为不符合录用条件的理由。在本案中,公司并没有事先与龚某约定将试用期内怀孕作为不符合录用的条件。从龚某在未请假期间的考核情况来看,说明其是胜任咨询顾问一职的。另外,《劳动合同法》还专门就不得解除劳动合同的具体情形作出了规定,其中就包括"女职工在孕期、产期、哺乳期"的情形。很显然,房屋销售公司在龚某孕期解除劳动合同属于违法行为。

对于用人单位违法解除"三期"女职工劳动合同的,劳动者可以主张恢复劳动关系,也可以依法要求支付赔偿金。按照《劳动合同法》的规定,用人单位违反本法规定解除或终止劳动合同,劳动者要求继续履行劳动合同的,用人单位应当继续履行;劳动者不要求继续履行劳动合同或者劳动合同已经不能继续履行的,用人单位应当依法支付赔偿金。

在本案中,龚某有权主张恢复劳动关系,当然,她也可以选择解除劳动合同,并向房屋销售公司主张支付赔偿金。

法条链接

《劳动合同法》第四十二条:劳动者有下列情形之一的,用人单位不得依照本法第四十条、第四十一条的规定解除劳动合同:

(一)从事接触职业病危害作业的劳动者未进行离岗前职业健康检查,或者疑似职业病病人在诊断或者医学观察期间的;

(二)在本单位患职业病或者因工负伤并被确认丧失或者部分丧失劳动能力的;

（三）患病或者非因工负伤，在规定的医疗期内的；

（四）女职工在孕期、产期、哺乳期的；

（五）在本单位连续工作满十五年，且距法定退休年龄不足五年的；

（六）法律、行政法规规定的其他情形。

《劳动合同法》第四十八条：用人单位违反本法规定解除或者终止劳动合同，劳动者要求继续履行劳动合同的，用人单位应当继续履行；劳动者不要求继续履行劳动合同或者劳动合同已经不能继续履行的，用人单位应当依照本法第八十七条规定支付赔偿金。

34. 提交辞职申请后还有劳动关系吗

案情介绍

2013年3月7日，陶某与某油漆公司签订了为期一年的劳动合同。2013年7月，陶某因需要照顾长期住院的老母亲，提出辞职，但油漆公司建议他提交正式的书面辞职申请，如果擅自离岗视为旷工。陶某遂于7月5日递交书面辞职申请，并要求公司批准其8月5日正式离职回家。在陶某提交辞职申请后，公司一直没有正式批复，陶某也因此一直坚守岗位。2013年8月6日，陶某在油漆公司车间被车间机械打断两根手指，公司立即将其送至医院就医，为其支付了医疗费，但双方对事故的赔偿标准未能协商一致。2014年1月2日，陶某申请劳动仲裁。劳动争议仲裁机构认为，陶某与油漆公司在2013年3月7日至2013年8月6日期间存在劳动关系。对此，油漆公司表示不服，便诉至法院，要求确认油漆公司与陶某在2013年8月5日之后不存在劳动关系。法院最终判决认定，在陶某受伤期间，油漆公司与陶某存在劳动关系，依法应支付工伤补贴。

案件评析

本案涉及提交辞职报告后,劳动关系是否存在以及单位应不应该对此期间的工伤负责的问题。在本案中,尽管陶某在2013年7月5日提交了辞职报告,并希望于8月5日正式解除劳动合同关系,但用人单位非但没有作出书面答应,反而还接受陶某坚守岗位工作,因此,陶某与油漆公司在8月5日后仍存在劳动关系。在双方存在劳动关系的情况下,油漆公司就应当对陶某的工伤负责。

从诉讼举证责任的角度看,在民事诉讼的举证责任上,最基本的原则是"谁主张,谁举证"。在陶某主张其与油漆公司存在劳动关系,并证明其伤害事故系在油漆公司职工工作时间、工作地点发生的情况下,如果油漆公司不予认同,就应当提出证据,证明其与陶某在8月5日后不存在劳动关系,如果油漆公司不能举证证明,则应当认定陶某的主张成立。因此,油漆公司应当依法支付陶某因工伤而产生的各种费用。

法条链接

《劳动合同法》第七条:用人单位自用工之日起即与劳动者建立劳动关系。用人单位应当建立职工名册备查。

《工伤保险条例》第二十九条:职工因工作遭受事故伤害或者患职业病进行治疗,享受工伤医疗待遇。

下篇

劳动保障和劳动维权

35. 试用期内应否缴纳社会保险

案情介绍

曹某是一名网络技术人员，2014年3月，他与某网络公司签订为期三年的劳动合同，约定试用期为六个月。在劳动合同中，网络公司还与曹某约定了员工培训等条款，并约定曹某参加专业培训后在合同服务期内不得辞职，否则，承担违约金一万元。曹某与网络公司签订合同后，就被网络公司派往某大都市参加为期一个月的专业培训，并且网络公司为曹某支付了一万元的培训费。

培训结束后，曹某返回网络公司工作，在发现公司一直没有为其缴纳社会保险之后，曹某要求公司为其补缴社会保险，但公司解释说，试用期尚未结束，等试用期结束，经考核符合正式聘用标准后，立即缴纳。为此，曹某以公司未为其缴纳社会保险为由提出辞职。公司则告诉曹某，接受培训后的他在合同期内不得随意解除合同，否则，就是违约，要承担赔偿责任。

案件评析

本案涉及社会保险缴纳时间以及劳动合同解除等问题。所谓"社会保险"，是指国家通过立法强制建立社会保险基金，对参加劳动关系的劳动者在丧失劳动能力或失业时给予必要的特殊帮助的制度。社会保险主要通过社会保险基金筹集，并在一定范围内对社会保险基金实行统筹调剂，当劳动者遭遇劳动风险时给予其必要的帮助。社会保险为劳动者提供的是基本生活保障，只要劳动者符合享受社会保险的条件，即可享受社会保险待遇，这些条件包括用人单位与劳动者建立了劳动关系，并已按规定缴纳各项社会保险费等。

按照《劳动合同法》的规定,只要用人单位和劳动者建立了劳动合同关系,双方就应当在劳动合同中签订有关社会保险的条款,这是法律的强制性规定。法律所规定的缴纳社会保险时间的起算点是劳动合同成立之日,包括事实劳动关系成立之日。劳动合同的期间包括试用期,即劳动合同如果约定了试用期,在试用期内就应当为员工缴纳社会保险。另外,按照《劳动合同法》的规定,劳动合同仅约定试用期的,试用期不成立,该期限为劳动合同期限。法律之所以作出这样的规定,是为了防止用人单位以试用期为由拒绝履行保护劳动者权益的义务。

在本案中,网络公司在试用期内未给曹某缴纳社会保险,违反了《劳动合同法》相关的强制性义务规定。另外,按照法律的规定,劳动者在试用期有权解除劳动合同。在本案中,曹某提出解除劳动合同的理由是成立的,因为按照《劳动合同法》的规定,在用人单位未依法为劳动者缴纳社会保险费的情形下,劳动者有权利解除劳动合同,所以,网络公司的说法是缺乏法律依据的。

法条链接

《劳动合同法》第十七条：劳动合同应当具备以下条款：

（一）用人单位的名称、住所和法定代表人或者主要负责人；

（二）劳动者的姓名、住址和居民身份证或者其他有效身份证件号码；

（三）劳动合同期限；

（四）工作内容和工作地点；

（五）工作时间和休息休假；

（六）劳动报酬；

（七）社会保险；

（八）劳动保护、劳动条件和职业危害防护；

（九）法律、法规规定应当纳入劳动合同的其他事项。

《劳动合同法》第十九条第四款：试用期包含在劳动合同期限内。劳动合同仅约定试用期的，试用期不成立，该期限为劳动合同期限。

《劳动合同法》第三十七条：劳动者提前三十日以书面形式通知用人单位，可以解除劳动合同。劳动者在试用期内提前三日通知用人单位，可以解除劳动合同。

36. 申请劳动仲裁不是劳动者的"专利"

案情介绍

2009年3月26日，黄某经熟人介绍，与某酒店建立了正式的劳动关系，但没有签订书面劳动合同。2011年1月，黄某的丈夫也经营了一家酒店，经营风格与黄某所在的酒店几乎相同，两家酒店相距不到五百米。2011年7月26日,单位就黄某丈夫经营酒店一事与黄某谈话,为此,双方发生了争执。黄某认为单位无权干涉自己丈夫的事,并认为,单位始终不与自己签订劳动合同,应当支付双倍工资,并要求算账走人,单位不予认同,黄某认为自己的劳动权益受到了侵犯,并因此不再上班。2011年11月1日,单位通知黄某上班协商解决问题,但黄某置之不理。2012年8月3日,单位以黄某在任职期间为其丈夫经营的酒店提供经营信息和管理技术等违反保密规定行为给单位造成损失为由,向当地劳动争议仲裁机构申请劳动仲裁,要求解除与黄某的劳动关系,并要求其赔偿经营损失五万元。随后,黄某提出反请求,要求单位支付未签订书面劳动合同的双倍工资、解除合同的经济补偿金等各项费用约六万元。

经过调查、辩论质证、最后陈述,劳动争议仲裁庭查明,单位没有和黄某签订书面劳动合同,更没有签订所谓的"保守商业秘密的协议",因此,单位的主张不予支持。黄某提出反请求时已经超过劳动争议仲裁时效,而且单位并没有出具与其解除劳动合同的通知,在劳动合同关系没有解除的情况下,黄某无权主张单位支付经济补偿。

案件评析

本案主要涉及劳动争议仲裁的程序制度问题,劳动争议仲裁是指劳动争议仲裁机构根据劳动争议当事人的请求,对劳动争议的事实和责任依法作出裁决,并对当事人具有法律约束力的一种劳动争议处理方式。发生劳动争议,当事人不愿协商、协商不成或者达成和解协议后不履行的,可以向调解组织申请调解;不愿调解、调解不成或者达成调解协议后不履行的,可以向劳动争议仲裁机构申请仲裁;对仲裁裁决不服的,当事人可以向人民法院提起诉讼。

尽管《劳动法》《劳动合同法》《劳动争议调解仲裁法》的立法目的主要是保护劳动者的合法权益,并确定了劳动仲裁法律制度,但是,一旦发生劳动争议,申请劳动争议仲裁不仅是劳动者的权利,也是用人单位的权利。

在本案中,酒店认为黄某侵犯了其商业秘密,并与之发生劳动争议,在协商解决未果的情况下,也有权申请劳动争议仲裁。但是,由于酒店和黄某未签订劳动合同和商业保密合同等,所以,其主张得不到仲裁机构的支持。在仲裁中,黄某的反请求也因劳动争议仲裁时效过期而无法得到支持。劳动争议仲裁时效是指当事人因劳动争议纠纷要求保护其合法权利,必须在法定的期限内向劳动争议仲裁机构提出仲裁申请,否则,法律规定消灭其申请仲裁权利的一种时效制度。但劳动关系存续期间因拖欠劳动报酬发生争议的,劳动者申请仲裁不受规定的仲裁时效期间的限制。按照《劳动争议调解仲裁法》的规定,劳动争议仲裁时效为一年,结合本案,黄某和酒店之间的劳动争议的时间是2011年7月26日,而酒店提出反诉的时间是2012年8月3日,已经超过一年的时效期,因此,仲裁机构依法不支持其提出的仲裁主张。

法条链接

《劳动争议调解仲裁法》第五条:发生劳动争议,当事人不愿协商、协商不成或者达成和解协议后不履行的,可以向调解组织申请调解;不愿调解、调解不成或者达成调解协议后不履行的,可以向劳动争议仲裁委员会申请仲裁;对仲裁裁决不服的,除本法另有规定的外,可以向人民法院提起诉讼。

《劳动争议调解仲裁法》第二十七条:劳动争议申请仲裁的时效期间为一年。仲裁时效期间从当事人知道或者应当知道其权利被侵害之日起计算。

前款规定的仲裁时效,因当事人一方向对方当事人主张权利,或者向有关部门请求权利救济,或者对方当事人同意履行义务而中断。从中断时起,仲裁时效期间重新计算。

因不可抗力或者有其他正当理由,当事人不能在本条第一款规定的仲裁时效期间申请仲裁的,仲裁时效中止。从中止时效的原因消除之日起,仲裁时效期间继续计算。

劳动关系存续期间因拖欠劳动报酬发生争议的,劳动者申请仲裁不受本条第一款规定的仲裁时效期间的限制;但是,劳动关系终止的,应当自劳动关系终止之日起一年内提出。

37. 脱产学习承认工龄吗

案情介绍

2003年7月,何某大学本科毕业。在毕业前的几个月,何某参加了全国硕士研究生入学考试,因十分之差,与其向往的某"985高校"失之交臂。为了缓解考研压力,何某与某电子设备公司签订了一份为期两年的劳动合同,打算边工作边考研。经与家人商议,何某报名参加了2004年的全国硕士研究生入学考试,并选择了脱产报考学习方式。经过刻苦学习,何某第二次考研成功了,并且在此后的学习过程中,认真勤奋,2007年又考取了博士研究生,2010年博士毕业后,何某应聘到某国有特级建筑企业,并签订了五年的劳动合同。

2012年下半年,何某所在的建筑企业面临着财务亏损的局面。经评议后,单位决定取消何某担任项目经理的在建工程项目,并遣散该项目的所有人员。在建筑企业与何某协商解除劳动合同时,何某提出,经济补偿年限应当从其2004年考取某高校硕士研究生时开始计算。其理由是前期的脱产学习是为了胜任建筑企业岗位的需要,相当于岗位培训,对于这些学习投入,单位不仅没有出钱,反而要解除合同,应当以计算工龄并给予经济补偿的形式支付给劳动者,否则,对自己不公平。

案件评析

本案涉及劳动者学习期间的工龄计算问题。关于工龄计算,《劳动法》和《劳动合同法》等法律本身并没有作出规定,但相关的部门规章(法律文件的一种形式)对此作出了规定,根据原国家教育委员会、劳动部、人事部1990年3月19日发布的《关于博士生和在职人员考取硕士生学习期间工龄计算问题的通知》规定:(1)国内博士生学习期间计算工龄。出国攻读博士学位研究生的工龄计算问题,仍按《国务院批转国家教育委员会〈关于出国留学人员工作的若干暂行规定〉的通知》(国发[1986]107号)有关规定办理。(2)在职人员考取国内硕士生,学习期间计算工龄。在职人员出国攻读硕士学位研究生,获得硕士学位回国工作后,在规定的学习年限内也计算工龄。由于何某离职后考取全日制脱产的国内硕士研究生学位,其后又攻读了国内博士生,所以,其要求将学习期间的时间计入本单位工作年限的要求是正当的,但是其工龄应当从2007年考取博士生开始计算。

38. 劳务纠纷和劳动纠纷不能混为一谈

案情介绍

2010年10月,村民张某来到本村村民董某经营的大米加工厂打工。大米加工厂既没有名号,也没有在工商部门依法注册,属于自然作坊,不属于法人企业。由于加工厂老板还有别的经营业务,所以,将大米加工厂承包给了董某经营。张某被董某雇用后,双方口头约定日工资为八十元,但没有约定具体的工资发放日期,董某通常隔两三个月给雇员发一次工资,雇员基本上都是当地的村民,因为平时吃住都在家,也习惯了这样的工资发放形式。2012年春节前,董某拖欠张某的工资已达有一万多元,张某便找到董某要求结算工钱,董某以"没钱""欠发数额与张某要求不符"等为由拒绝,双方因此发生了争执。经过当地村委会调解无效后,张某便向当地劳动争议仲裁机构提出仲裁申请,要求劳动仲裁机构裁决大米加工厂支付其工资。劳动争议仲裁机构经过审查后,驳回了张某的申请,并提醒其可以通过向法院提起民事诉讼的方式解决工资纠纷。

案件评析

本案是有关承包经营户与雇员的雇佣关系纠纷。雇佣关系是指受雇人向雇用人提供劳务,雇用人支付相应报酬所形成权利义务关系。雇佣关系是在雇主和受雇人达成契约的基础上成立的,雇佣合同既可以是口头的,也可以是书面的。根据最高人民法院《关于审理劳动争议案件适用法律若干问题的解释(二)》第七条的规定,农村承包经营户与受雇人之间的纠纷,不属于劳动争议,而属于劳务纠纷。这种纠纷就是一种民事合同纠纷,如果造成侵权的,则属于侵权责任纠纷。

在本案中,雇用张某的大米加工厂不仅没有名号,也没有在工商部门依法注册,属于自然作坊,不是法定的企业单位。因此,张某以该大米加工厂为申请劳动仲裁对象,属于申请仲裁主体不适格。张某与董某之间的纠纷属于农村承包经营户与受雇人之间的雇佣劳务纠纷,不属于劳动争议,因此,当地劳动争议仲裁机构的做法是正确的。

 **法眼辨析**

劳动关系与雇佣关系是劳动领域普遍存在的两种社会关系，两者看似相同，但却存在诸多不同点，具体阐述如下：

（1）法律关系主体的范围不同。在劳动关系的主体中，一方只能是劳动者个人，另一方必须是用人单位，包括中国境内的企业、个体经济组织、民办非企业单位、国家机关、事业单位、社会团体等组织。雇佣关系的主体范围则更为广泛，凡平等主体的公民之间、公民与法人之间均可形成雇佣关系。

（2）法律关系主体间的地位不同。在劳动关系中，用人单位与劳动者之间不仅具有平等性，而且还具有隶属关系，即管理与被管理的关系。在雇佣关系中，尽管劳动者在一定程度上也要接受对方当事人的监督、管理和支配，但用人单位的各项规章制度对劳动者通常不具有约束力，劳动者不需要遵从用人单位的考勤管理、奖惩管理、晋升管理、工资晋级管理等，劳动者在实际工作中是相对独立的，两者之间不存在隶属关系。

(3)适用法律不同。劳动关系主要由《劳动法》《劳动合同法》等法律、法规调整。雇佣关系主要由《民法通则》《合同法》《侵权责任法》等法律调整。

(4)争议解决的程序不同。劳动争议发生后,当事人不愿协商、协商不成或者达成和解协议后不履行的,可以向调解组织申请调解;不愿调解、调解不成或者达成调解协议后不履行的,应当先向劳动争议仲裁机构申请仲裁;对仲裁裁决不服的,除法律另有规定外,才可以向人民法院提起诉讼,即劳动争议仲裁是提起劳动诉讼的前置程序。雇佣劳务纠纷发生后,当事人可以采用和解、调解、诉讼等方式予以解决,具体方式由当事人自由选择。

(5)受国家干预程度不同。在劳动关系中,《劳动法》《劳动合同法》等法律对用人单位在劳动报酬、劳动时间、劳动保护、社会保险等方面均有强制性的规定,例如,试用期的工资不得低于当地最低工资标准,用人单位必须为劳动者办理社会保险等。在雇佣关系中,有关劳动报酬、劳动时间、劳动内容等通过双方的自由协商来确立,法律一般没有作出明确的强制性规定。

法条链接

《劳动合同法》第九十四条:个人承包经营违反本法规定招用劳动者,给劳动者造成损害的,发包的组织与个人承包经营者承担连带赔偿责任。

39. 公司否认受伤员工劳动关系败诉

案情介绍

2012年10月9日,仲某经熟人介绍到某市电器销售公司从事电工工作,双方未签订劳动合同。2013年2月18日,仲某在工作中不幸摔伤,导致腰椎骨折而住院治疗。为此,仲某要求公司为自己办理工伤保险方面的事宜,以解决相应的医药费用,但公司却否认与之存在劳动关系。在双方协商未果的情况下,仲某向当地的劳动争议仲裁机构提出仲裁申请,但仲裁机构驳回了其申请。在申请仲裁被驳回后,仲某不服,便向当地法院提起诉讼。

在法院审理中,仲某称其于2012年10月9日入职电器销售公司,担任电工一职,并出示了单位提供的办公室钥匙、电工使用的各种工具、工作上的谈话录音等证据。而电器销售公司则对上述证据予以否认。对此,法院前往电器销售公司进行调查取证,在电器销售公司厂区内,仲某用其所提交的钥匙打开了办公室的房门,并指认出刚到单位工作时认识的几位同事、部门负责人等。法院当即对该部门负责人进行现场询问,但该部门经理拒绝回应。而法官在向一些职工询问时,三位职工均当场表示知道仲某在单位从事过电工工作。

2013年8月30日,在法院第二次开庭审理时,电器销售公司称工作车间的房门丢了一把钥匙,没有来得及换锁,以此证明与仲某不存在劳动关系,同时让告诉法官"知道仲某在这里干过电工"的三位工人出庭作证。这次,三位工人否认了此前的陈述。经过法官进一步询问,这三位工人没有对否认当初作证的原因作出合理的解释,法官对此不予采信。

一审法院审理后认定,电器销售公司与仲某存在劳动关系,并依法判令电器销售公司支付相关费用。电器销售公司不服一审判决,提起上诉。在二审法院审理中,电器销售公司又称一审法官来公司调查案件时,公司大门的锁是损坏的,任何钥匙都能打开,借此表示"仲某用其所提交的钥匙打开房门,并不能证明双方之间存在劳动关系",但电器销售公司未提交门锁损坏的证据。二审法院审理后驳回了电器销售公司的上诉,维持了原判。

案件评析

　　本案首先涉及劳动关系是否存在的问题,进而涉及工伤认定问题。就劳动关系而言,它是指用人单位招用劳动者为其成员,劳动者在用人单位的管理下提供有报酬的劳动而产生的权利义务关系。按照《劳动合同法》的规定,用人单位应当与劳动者签订书面的劳动合同,劳动关系是否成立或存在,一般以是否签订书面劳动合同为标准,但为了有效地保护劳动者的合法权益,防范一些用人单位不签订劳动合同并以此拒绝承担相应法律义务,法律还承认事实劳动关系的存在。按照《工伤保险条例》第十八条、第六十一条的规定,劳动关系包括事实劳动关系。最高人民法院《关于审理劳动争议案件适用法律若干问题的解释》(法释[2001]14号)第十六条还特别规定:"劳动合同期满后,劳动者仍在原用人单位工作,原用人单位未表示异议的,视为双方同意以原条件继续履行劳动合同。"这表明对于用人单位与劳动者以前签订过劳动合同,劳动合同到期后形成的事实劳动关系,用人单位与劳动者均继续享有原劳动合同约定的权利,并应履行原劳动合同约定的义务。

　　在本案中,仲某与电器销售公司就双方之间是否存在劳动关系各执一词,仲某主张双方之间存在劳动关系,据此提供了钥匙、谈话录音等证据。电器销售公司主张双方之间不存在劳动关系,但未能提供相关证据,且其主张前后不一致,故法院不予采信。针对三位工人在现场和法庭上陈述不符的问题,由于他们对改变证言未能作出合理解释,且未能提交证据推翻现场调查时的陈述,所以,法院最终还是采信三位工人刚开始提供的证言。可见,法院对案件的处理是正确的。

法条链接

《劳动合同法》第七条：用人单位自用工之日起即与劳动者建立劳动关系。用人单位应当建立职工名册备查。

《工伤保险条例》第十八条：提出工伤认定申请应当提交下列材料：

（一）工伤认定申请表；

（二）与用人单位存在劳动关系（包括事实劳动关系）的证明材料；

（三）医疗诊断证明或者职业病诊断证明书（或者职业病诊断鉴定书）。

《工伤保险条例》第六十一条：本条例所称职工，是指与用人单位存在劳动关系（包括事实劳动关系）的各种用工形式、各种用工期限的劳动者。

40. 劳动者书面放弃缴纳社保费是否合法

案情介绍

2014年3月1日，曾某与某建筑公司签订了三年的劳动合同。曾某在劳动合同中与建筑公司约定，因自己对个人缴纳的社会保险部分负担不起，书面承诺放弃建筑公司为其缴纳社会保险费，建筑公司每月支付曾某社保费补贴二百六十元。刚开始，建筑公司不同意，但在曾某三番五次的要求下，公司只好答应了他的要求。2014年9月8日，曾某听说社会保险可以在全国转移，又要求建筑公司为其缴纳社会保险费，建筑公司以有约在先为由予以拒绝。同年10月9日，曾某以建筑公司未为其依法缴纳社会保险费为由通知建筑公司,其打算解除劳动合同,并要求建筑公司为其补缴社会保险费和支付经济补偿金。

案件评析

社会保险是指国家通过立法强制建立的社会保险基金,对参加劳动关系的劳动者在丧失劳动能力或失业时给予必要的特殊帮助的法律制度。社会保险主要是通过筹集社会保险基金,并在一定范围内对社会保险基金实行统筹调剂至劳动者遭遇劳动风险时,对其给予必要的帮助,社会保险对劳动者提供的是基本生活保障,只要劳动者符合享受社会保险的条件,即与用人单位建立了劳动关系,并且所在单位已按规定缴纳各项社会保险费,即可享受社会保险待遇。根据《社会保险法》的规定,参加社会保险是国家强制性赋予用人单位和劳动者的法定义务,不属于当事人双方可以约定的事项。

在本案中,曾某和建筑公司约定的放弃缴纳社会保险费的协议违反了法律的强制性规定,应属无效。按照《劳动合同法》第二十六条的规定,违反法律、行政法规强制性规定的劳动合同或者劳动合同条款是无效的。因此,曾某要求建筑公司补缴社会保险费的请求,应当予以支持,但曾某同时应返还建筑公司每月支付的二百六十元的社保费补贴。此外,建筑公司未为曾某缴纳社会保险费,主要原因在于曾某的强烈要求,不可归责于用人单位,劳动者以此为由要求用人单位支付经济补偿金没有法律依据。

法眼辨析

社会保险与商业保险的主要区别。二者从字面上看都是保险,但却有着本质的区别,具体表现在以下几方面:

(1)保险的目的不同。社会保险不以盈利为目的,其目的在于

为社会成员提供必要的基本保障,内容包括养老保险、失业保险、工伤保险、基本医疗保险等;商业保险则是保险公司的商业化运作险种,并以获取利润为目的。

(2)强制程度不同。社会保险是根据国家《社会保险法》强制实施的;商业保险则由投保人与保险公司根据《保险法》自由约定的,商业保险的实施不具有强制性。

(3)保险主体和对象不同。社会保险由国家成立的专门性机构进行基金的筹集、管理及发放,其对象是法定范围内的社会成员;商业保险是保险公司来经营管理的,被保险人可以是符合承保条件的任何公民、法人或者其他社会组织。

(4)保障的水平不同。社会保险为被保险人提供的保障是最基本的,其水平在社会贫困线以上,低于社会平均工资的50%,保障程度较低;商业保险的保障水平完全取决于保险双方当事人的约定和投保人所缴保费的多少,被保险人可以依法获得高水平的保障。

法条链接

《社会保险法》第十条:职工应当参加基本养老保险,由用人单位和职工共同缴纳基本养老保险费。

《社会保险法》第二十三条:职工应当参加职工基本医疗保险,由用人单位和职工按照国家规定共同缴纳基本医疗保险费。

《社会保险法》第三十三条:职工应当参加工伤保险,由用人单位缴纳工伤保险费,职工不缴纳工伤保险费。

《社会保险法》第四十四条:职工应当参加失业保险,由用人单位和职工按照国家规定共同缴纳失业保险费。

《社会保险法》第五十八条:用人单位应当自用工之日起三十日内为其职工向社会保险经办机构申请办理社会保险登记。未办理社会保险登记的,由社会保险经办机构核定其应当缴纳的社会保险费。

《社会保险法》第八十四条:用人单位不办理社会保险登记的,由社会保险行政部门责令限期改正;逾期不改正的,对用人单位处应缴社会保险费数额一倍以上三倍以下的罚款,对其直接负责的主管人员和其他直接责任人员处五百元以上三千元以下的罚款。

41. 劳动维权别错过时效期

2009年1月,周某与某木材公司签订了无固定期限的劳动合同。2011年实行带薪年休假制度以来,周某一直都没有享受过带薪年休假。对此,周某没有提出异议。2013年12月,周某决定辞职,并向木材公司索要从2011年至辞职时的未休年假工资报酬。双方多次交涉无果,2015年3月周某向当地的劳动争议仲裁机构提出了仲裁申请。在仲裁过程中,木材公司提出了仲裁时效的抗辩,并主张已经支付周某未休年假工资报酬,但该公司没有提供证据材料证明自己的主张。仲裁机构最终没有支持周某提出的要求木材公司支付未休年假工资报酬的请求。

案件评析

本案主要涉及劳动争议仲裁时效的问题,所谓"劳动争议仲裁时效",是指当事人因劳动争议纠纷要求保护其合法权利,必须在法定的期限内向劳动争议仲裁机构提出仲裁申请,否则,法律规定消灭其申请仲裁权利的一种时效制度。

按照《劳动争议调解仲裁法》的规定,劳动争议申请仲裁的时效期间为一年。仲裁时效期间从当事人知道或者应当知道其权利被侵害之日起计算。对于一年的仲裁时效,因当事人一方向对方当事人主张权利,或者向有关部门请求权利救济,或者对方当事人同意履行义务而中断。从中断时起,仲裁时效期间重新计算;如果因不可抗力或者有其他正当理由,当事人不能在一年的仲裁时效期间申请仲裁的,仲裁时效中止。从中止时效的原因消除之日起,仲裁时效期间继续计算。在劳动关系存续期间,因拖欠劳动报酬产生争议的,劳动者申请仲裁不受法律规定的一年仲裁时效期间的限制。但是,劳动关系终止的,应当自劳动关系终止之日起一年内提出。

在本案中,未休年假工资报酬属于劳动报酬的范畴,周某在职期间的未休年假工资报酬应当在离职后一年内主张,但其主张已超过了一年,所以,仲裁机构没有支持其主张。

法条链接

《劳动争议调解仲裁法》第二十七条:劳动争议申请仲裁的时

效期间为一年。仲裁时效期间从当事人知道或者应当知道其权利被侵害之日起计算。

前款规定的仲裁时效,因当事人一方向对方当事人主张权利,或者向有关部门请求权利救济,或者对方当事人同意履行义务而中断。从中断时起,仲裁时效期间重新计算。

因不可抗力或者有其他正当理由,当事人不能在本条第一款规定的仲裁时效期间申请仲裁的,仲裁时效中止。从中止时效的原因消除之日起,仲裁时效期间继续计算。

劳动关系存续期间因拖欠劳动报酬发生争议的,劳动者申请仲裁不受本条第一款规定的仲裁时效期间的限制。但是,劳动关系终止的,应当自劳动关系终止之日起一年内提出。

42. 因私借款不还属于劳动争议吗

案情介绍

2013年3月6日,在某服装厂工作的马某,因家人生病急需医疗费向单位借款五千元。6月1日,马某以需要给住院的家人陪床为由,向单位提出辞职。对马某的借款,该服装厂在马某辞职后多次向其索要均遭拒绝。2013年7月,该服装厂就此纠纷向当地劳动争议仲裁机构提出仲裁申请。仲裁机构经审查后,认为该纠纷不属于劳动争议范畴,建议该服装厂向法院起诉。

案件评析

本案涉及劳动仲裁的受案范围问题。劳动仲裁是指劳动争议仲裁机构根据劳动争议当事人的请求,对劳动争议的事实和责任依法作出判断和裁决,并对当事人具有法律约束力的一种劳动争议处理方式。发生劳动争议后,当事人不愿协商、协商不成或者达成和解协议后不履行的,可以向调解组织申请调解;不愿调解、调解不成或者达成调解协议后不履行的,不得直接向法院起诉,应先向劳动争议仲裁机构申请仲裁;对仲裁裁决不服的,才可以向人民法院提起民事诉讼。

但是,在劳动中发生的纠纷并非都是劳动纠纷或者劳动争议,换句话说,只有劳动纠纷或劳动争议才可以申请仲裁机关予以裁决,这就涉及劳动仲裁的受案范围问题。按照《劳动争议调解仲裁法》的规定,依法可以由劳动仲裁机关裁决的劳动争议包括:(1)因确认劳动关系发生的争议;(2)因订立、履行、变更、解除和终止劳动合同发生的争议;(3)因除名、辞退和辞职、离职发生的争议;(4)因工作时间、休息休假、社会保险、福利、培训以及劳动保护发生的争议;(5)因劳动报酬、工伤医疗费、经济补偿或者赔偿金等发生的争议等。

在本案中,虽然马某借款时与该服装厂存在劳动关系,但是其借款行为不是基于职务行为,而是单纯的民事行为,显然该借款行为不属于《劳动法》调整的劳动关系中的权利义务内容。所以,由此产生的争议不属于劳动争议,依法不能申请劳动仲裁。如果双方协商解决或调解不成的,该服装厂只能直接向法院提起民事诉讼。

法条链接

《劳动争议调解仲裁法》第二条:中华人民共和国境内的用人单位与劳动者发生的下列劳动争议,适用本法:

(一)因确认劳动关系发生的争议;

(二)因订立、履行、变更、解除和终止劳动合同发生的争议;

(三)因除名、辞退和辞职、离职发生的争议;

(四)因工作时间、休息休假、社会保险、福利、培训以及劳动保护发生的争议;

(五)因劳动报酬、工伤医疗费、经济补偿或者赔偿金等发生的争议;

(六)法律、法规规定的其他劳动争议。

43. 单位拖欠工资,劳动者可申请支付令

案情介绍

2012年5月9日,江某与某家具公司签订了五年的劳动合同,双方约定每月工资三千元。2013年9月,公司以资金紧张为由,通知江某当月工资不能正常发放,到同年11月,家具公司已经连续三个月无法发放工资。为了安抚江某,公司财务部门给江某打了九千元的欠条,并表示2014年元旦前一定兑现。看到家具公司不景气,江某想另找工作,为此,他想尽快将工资要回,但听说劳动争议案件要先走仲裁程序,时间很长。江某正一筹莫展之时,想到了自己的叔叔是一名律师,便咨询其有无索要工资的捷径可走,江某的叔叔便告诉他,对于用人单位拖欠工资的情形,劳动者可以直接向法院申请支付令。

案件评析

本案涉及劳动维权的方式问题,按照法律的规定,对于劳动争议案件,当事人一般应先向劳动争议仲裁机构申请仲裁,而不能直接向法院起诉,只有对劳动仲裁机构的裁决不服的,才可以向法院起诉。也就是说,在劳动维权的方式上,仲裁是诉讼的前置程序。但是,仲裁程序前置也不是绝对的,按照《劳动合同法》的规定,用

人单位拖欠或者未足额支付劳动报酬的,劳动者可以依法向当地人民法院申请支付令,人民法院应当依法发出支付令。

所谓"支付令",是指人民法院依照《民事诉讼法》规定的督促程序,根据债权人的申请,向债务人发出的限期履行给付金钱或有价证券的法律文书。按照《民事诉讼法》的规定,当事人申请支付令必须符合下列条件:(1)有权提起督促程序的,只能是债权人。债权人除了可以通过普通程序向法院起诉,以保护自己的合法权利外,还可以直接申请法院发布支付令,促使债务人履行债务,支付令的优点就在于诉讼周期短,能够快捷地实现债权。(2)案件必须是给付之诉,即要求债务人履行给付金钱、有价证券的案件。(3)债权人与债务人没有其他债务纠纷。(4)请求给付的金钱或者有价证券已到期且数额确定,并载明请求所依据的事实和根据。(5)支付令能够送达债务人。(6)债权人申请支付令,必须向人民法院提交书面申请,并附有债权文书(如欠条、合同书等)。

在本案中,江某可以不经劳动仲裁,以家具公司的欠条为证据,直接向法院申请支付令,以实现自己的债权。

法条链接

《劳动合同法》第三十条:用人单位应当按照劳动合同约定和国家规定,向劳动者及时足额支付劳动报酬。

用人单位拖欠或者未足额支付劳动报酬的,劳动者可以依法向当地人民法院申请支付令,人民法院应当依法发出支付令。

44. 包工头承担工伤责任吗

案情介绍

2012年8月,村民包某经人介绍到某建筑公司从事木工工作,每月工资三千元,双方未签订书面劳动合同。2013年10月9日,该建筑公司项目经理高某承包了建筑公司的一个工程,并将木工活分包给陈某,陈某安排包某在该工程中做木工。包某在施工过程中,不慎从高处坠落,造成小腿粉碎性骨折。包某要求建筑公司为其申请工伤认定,并给予其工伤待遇。但该建筑公司认为,包某系陈某聘请的人员,工资是由陈某负责结算,故公司只与陈某之间存在雇佣关系,与包某不存在劳动关系。包某不服,遂向当地劳动争议仲裁机构提出仲裁申请。

案件评析

本案涉及个人承包经营中的劳动纠纷问题,按照《劳动合同法》的规定,个人承包经营违反本法规定招用劳动者,给劳动者造成损害的,发包的组织与个人承包经营者(即包工头)承担连带赔偿责任。个人承包经营是指企业与个人承包经营者通过订立承包经营合同,将企业的全部或者部分经营管理权在一定期限内交给个人承包者,由个人承包者对企业进行经营管理。

如果个人承包经营者违反《劳动合同法》的规定招用劳动者,给劳动者造成损害的,按照一般的法律原理的理解,应当由个人承包经营者承担赔偿责任。但个人承包经营者往往因为亏损或者其他原因无法承担赔偿责任,或者直接逃避承担责任,从而导致劳动者的合法权益无法得到维护。正是基于这一点,《劳动合同法》规定,如果个人在承包经营中违法招用劳动者,给劳动者造成损害的,发包的组织和个人承包经营者承担连带赔偿责任。也就是说,劳动者既可以要求个人承包经营者承担责任,也可以要求发包者承担责任。

在本案中,该建筑公司将部分建设工程发包给了无用工主体资格和施工资质的自然人陈某,当陈某招用的劳动者包某在施工中发生了事故伤害时,工伤责任主体也包括建筑公司。也就是说,包某对自己的工伤,既可以要求陈某承担责任,也可以要求建筑公司承担责任。另外需要说明的是,尽管包某与建筑公司没有签订书面的劳动合同,但这并不影响劳动关系的成立,因为按照《劳动合同法》的规定,用人单位自用工之日起即与劳动者建立劳动关系。

法条链接

《劳动合同法》第九十四条:个人承包经营违反本法规定招用劳动者,给劳动者造成损害的,发包的组织与个人承包经营者承担连带赔偿责任。

《劳动合同法》第七条:用人单位自用工之日起即与劳动者建立劳动关系。用人单位应当建立职工名册备查。

45. 养老金和伤残津贴不得同时领取

案情介绍

2011年5月19日17时许,某电机厂职工常某在下班途中发生交通事故,经交警现场勘查认定,常某负次要责任。事故中,常某的腰部、腿部受伤,被劳动保障部门认定为工伤,经鉴定为六级伤残。在常某工作期间,电机厂没有为其按时足额缴纳工伤保险费,该电机厂支付给常某一次性伤残补助金两万元。单位保留了与常某的劳动关系,因不能安排常某合适的工作,让其回家待岗休息,自2012年1月起每月发放伤残津贴六百元。2014年2月,常某达到法定退休年龄,办理退休手续后,从2014年3月起依法享受每月两千元基本养老保险待遇。电机厂从2014年3月起停发了常某的伤残津贴,对此,常某无法接受,便到当地劳动仲裁部门咨询单位应不应该停发其伤残津贴。

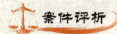
案件评析

本案涉及工伤待遇以及养老保险金和伤残津贴能否同时领取的问题。就工伤待遇而言,根据《工伤保险条例》的规定,工伤职工因工致残被鉴定为一级至四级伤残的,与单位保留劳动关系,退出工作岗位;如果工伤职工因工致残被鉴定为五级、六级伤残的,则保留与用人单位的劳动关系,本应由用人单位安排适当工作,但难以安排的,分别由工伤保险基金或用人单位对其按月支付津贴。所以,本案中的电机厂的做法是正确的。

就养老金和伤残津贴的领取而言,按照《社会保险法》的规定,工伤职工达到退休年龄并办理退休手续后,停发伤残津贴,按照国家有关规定享受基本养老保险待遇。如果基本养老保险待遇低于伤残津贴的,由工伤保险基金补足差额。在本案中,常某领取的养老金不低于伤残津贴,领取养老金后就不能再领取伤残津贴。因

此,电机厂的做法并不违法。

法条链接

《社会保险法》第四十条:工伤职工符合领取基本养老金条件的,停发伤残津贴,享受基本养老保险待遇。基本养老保险待遇低于伤残津贴的,从工伤保险基金中补足差额。

46. 职工讨要加班费,单位承担举证责任

案情介绍

2013年8月,邵某与某化妆品工厂签订了三年的劳动合同,劳动合同约定其月工资为两千元。工厂实行严格的考勤制度,上下班时,进出厂门都要刷电子考勤卡,如有迟到早退现象,当月要扣工资,年底还要扣发年终奖。工厂经常临时通知职工双休日加班,领导口头答应加班费为每天五十元,在加班时,出入大门不需要刷卡。工厂发工资时,也从来不给员工工资单,只是要求员工签完字后领钱。每月领工资时,所领工资数额中无法体现出加班费,邵某也一直觉得每月领取的工资中没有加班费。2014年9月,邵某要求工厂依法补足加班费的差额,却被工厂以一些不正当的理由拒绝。无奈之下,邵某向劳动争议仲裁机构提起了仲裁请求。在仲裁机构调解时,工厂有关负责人说:"邵某说加班,她应该拿出证据来,如果她拿不出工厂安排加班和少发加班费的证据,仲裁机构就不能支持她的主张。"对此,仲裁庭则要求化妆品工厂承担举证责任,提供考勤和工资发放记录等。

案件评析

本案主要涉及劳动纠纷调解仲裁中的举证责任问题。所谓

"举证责任",是指当事人对自己提出的主张有收集或提供证据的义务,并有运用该证据证明主张的案件事实成立或有利于自己的主张的责任,否则,其将承担主张不能成立的危险,也即败诉的风险。按照《劳动争议调解仲裁法》的规定,发生劳动争议,当事人对自己提出的主张,有责任提供证据。但在某些特殊情况下,还应实行举证责任的倒置。所谓"举证责任倒置",是指基于法律规定,将通常情形下本应由提出主张的一方当事人(一般是原告)就某种事由负担的举证责任,改由他方当事人(一般是被告)就某种事实存在或不存在承担举证责任,如果该方当事人不能就此举证证明,则推定原告的事实主张成立的一种举证责任分配制度。在一般证据规则中,"谁主张谁举证"是举证责任分配的一般原则,而"举证责任的倒置"则是这一原则的例外。

按照《劳动争议调解仲裁法》的规定,与争议事项有关的证据属于用人单位掌握管理的,用人单位应当提供;用人单位不提供的,应当承担不利后果。另外,《最高人民法院关于审理劳动争议案件适用法律若干问题的解释》也规定,因用人单位作出的开除、除名、辞退、解除劳动合同、减少劳动报酬、计算劳动者工作年限等决定而发生的劳动争议,用人单位负举证责任。法律和司法解释之所以这样规定,是因为劳动者与用人单位在劳动争议处理程序中,双方的维权能力是不对称和不平衡的,用人单位比劳动者掌握着更多的信息,有更强的举证能力。因此,为了体现劳动仲裁或诉讼程序的公正性,进而实现结果公正,应当在某些情形下,实行用人单位承担举证责任。

在本案中,劳动争议仲裁庭裁定化妆品工厂承担举证责任的做法是合法的,即化妆品工厂应拿出考勤和工资发放记录等劳动管理资料,以证明已经发放了邵某加班费或者不存在加班加点的事实。

法条链接

《劳动争议调解仲裁法》第六条：发生劳动争议，当事人对自己提出的主张，有责任提供证据。与争议事项有关的证据属于用人单位掌握管理的，用人单位应当提供；用人单位不提供的，应当承担不利后果。

《劳动争议调解仲裁法》第三十九条：当事人提供的证据经查证属实的，仲裁庭应当将其作为认定事实的根据。

劳动者无法提供由用人单位掌握管理的与仲裁请求有关的证据，仲裁庭可以要求用人单位在指定期限内提供。用人单位在指定期限内不提供的，应当承担不利后果。

《最高人民法院关于审理劳动争议案件适用法律若干问题的解释》第十三条：因用人单位作出的开除、除名、辞退、解除劳动合同、减少劳动报酬、计算劳动者工作年限等决定而发生的劳动争议，用人单位负举证责任。

47. 企业破产后，工伤职工待遇应优先支付

案情介绍

潘某于1992年7月开始就职于某木材加工厂，1997年因工负伤，被鉴定为七级伤残。虽然工厂没有拖欠任何劳动者的工资，但由于资金紧张，潘某的工伤待遇一直未能落实。2007年，该工厂宣布破产，并成立破产小组，但工厂一直没有进入破产拍卖程序，在此期间，工厂的土地、厂房、机器设备等租赁给了某物流公司使用。2007年10月，潘某应聘到该物流公司工作。2013年10月9日，潘某突发脑溢血住院。虽然物流公司给予报销部分医药费，发放生

活费,但潘某仍难以维持其家庭正常生活。潘某于 2014 年 3 月提出与物流公司解除劳动合同,要求物流公司支付其工伤待遇,遭物流公司拒绝,遂到当地劳动争议仲裁机构提起仲裁申请。

案件评析

本案涉及在用人单位破产情况下劳动者工伤的承担问题。按照《劳动合同法》的规定,在用人单位被依法宣告破产、被吊销营业执照、责令关闭、撤销或者用人单位决定提前解散等情况下,劳动合同关系终止。在本案中,木材加工厂自宣布破产之日起就丧失了劳动用工的主体资格,其与潘某的劳动合同也将自行终止,应由木材加工厂按照《破产法》的相关规定给予潘某等劳动者各种费用或者补偿,其中也包括伤残补助等。

在本案中,物流公司只是租赁木材加工厂的土地、厂房、机器设备等,并没有安置木材加工厂员工或履行原劳动合同的义务,因此,物流公司不应该承担潘某的工伤待遇。由于木材加工厂一直未完成破产拍卖程序,未支付潘某的工伤待遇,在其将工厂的土地、厂房、等租赁给物流公司使用时,也有了收入来源,因此,木材加工厂应该从租赁收入中优先支付潘某的工伤待遇。

法条链接

《破产法》第一百一十三条:破产财产在优先清偿破产费用和共益债务后,依照下列顺序清偿:

(一)破产人所欠职工的工资和医疗、伤残补助、抚恤费用,所欠的应当划入职工个人账户的基本养老保险、基本医疗保险费用,以及法律、行政法规规定应当支付给职工的补偿金;

(二)破产人欠缴的除前项规定以外的社会保险费用和破产人所欠税款;

（三）普通破产债权。

破产财产不足以清偿同一顺序的清偿要求的，按照比例分配。

破产企业的董事、监事和高级管理人员的工资按照该企业职工的平均工资计算。

48. 超过退休年龄的劳动者不享受经济补偿吗

案情介绍

姚某1949年5月1日出生，系某村村民。2009年6月10日，已经六十岁的姚某经熟人介绍到某电信公司，从事门卫工作，主要负责公司进出车辆管理、外来人员登记及收发报纸等业务，双方约定月工资为一千元。2014年6月9日，电信公司以姚某年龄偏大不适合再做门卫工作为由将其辞退，并多支付了姚某一个月的工资一千元作为补偿。姚某认为，自己在电信公司干了五年，没有任何养老保险，生活较为困难，被电信公司辞退后只得到一千元的补偿太少，于是要求电信公司向其支付五千元的经济补偿金，电信公司没有答复姚某的要求。2014年8月6日，姚某向当地劳动争议仲裁机构提出申请，要求电信公司支付其经济补偿金五千元。

在劳动仲裁过程中，电信公司辩称，姚某现已六十五岁，早已超过法定退休年龄，不属于劳动仲裁的受理范畴，不受《劳动法》和《劳动合同法》的调整，劳动仲裁机构应驳回姚某的仲裁请求。

案件评析

本案涉及达到法定退休年龄劳动者的待遇问题。按照《劳动合同法》的规定，劳动者依法享受基本养老保险待遇的，劳动合同终止。另外，《劳动合同法实施条例》进一步规定，劳动者达到法定退休年龄的,劳动合同终止。就退休年龄而言,《劳动法》和《劳动合同法》本身并没有作出具体的规定。按照国务院制定的《关于工人退休、退职的暂行办法》的规定,职工退休的年龄一般为男性六十周岁,女性五十周岁。因此,在本案中,姚某与电信公司不应当存在劳动合同关系。

按照最高人民法院《关于审理劳动争议案件适用法律若干问题的解释(三)》的规定,用人单位与其招用的已经依法享受养老保险待遇或领取退休金的人员发生的用工争议,向人民法院提起诉讼的,人民法院应当按劳务关系处理。由此看出,依法享受养老保险待遇或领取退休金才是构成劳务关系的必要条件。

另外,法律对劳动关系的年龄下限有明确规定(即十六周岁),但对于劳动关系构成年龄的上限并没有明确的限制。按照司法解释的规定,对于超过退休年龄的务工人员应区别对待,已享受养老保险待遇或领取退休金的人员,与用人单位的关系为劳务关系;超过退休年龄,但未享受养老保险待遇或领取退休金的人员,与用人单位的关系为劳动关系。在本案中,姚某没有享受养老保险待遇,也没有领取退休金,与电信公司形成的应当是劳动关系,属于《劳动法》的调整范围。因此,电信公司应当支付姚某经济补偿金五千元。

法条链接

《劳动合同法》第四十四条:有下列情形之一的,劳动合同终止:

(一)劳动合同期满的;

(二)劳动者开始依法享受基本养老保险待遇的;

(三)劳动者死亡,或者被人民法院宣告死亡或者宣告失踪的;

(四)用人单位被依法宣告破产的;

（五）用人单位被吊销营业执照、责令关闭、撤销或者用人单位决定提前解散的；

（六）法律、行政法规规定的其他情形。

《最高人民法院关于审理劳动争议案件适用法律若干问题的解释（三）》第七条：用人单位与其招用的已经依法享受养老保险待遇或领取退休金的人员发生用工争议，向人民法院提起诉讼的，人民法院应当按劳务关系处理。

49. 裁减人员时，谁该优先留下来

案情介绍

2013年12月1日，某外贸服装生产厂向全体职工发出通告，通告的内容是，因生产经营面临严重困难，经研究决定，于2014年1月30日将裁减五十名职工，只保留一百五十名职工，如果职工有意见或者特殊情况的，可以在一个月内书面向工厂的人事部门反映。在此期间，工厂有近一百八十名的职工申请留下来。2014年2月1日，工厂正式公布裁减的五十名职工，裁减掉的职工几乎都是来自某偏远地区，而且被裁减人员的合同工期都是三年以下，留下来的要么是合同期为五年以上的职工，要么是无固定期限的职工，要么是当地家庭生活非常困难的职工。对此，被裁减掉的职工有些不理解，认为工厂的做法不公平，有欺负外地人的嫌疑，并认为工厂应当考虑到各种合同工期职工被留下来的平衡。在交涉没有结果的情况下，被裁减掉的职工联名向当地的劳动争议仲裁机构提出了仲裁申请，要求劳动争议仲裁机构责令工厂改正其裁减人员的不合法行为。

案件评析

本案涉及经济性裁员解聘劳动者以及优先留用哪些人员的问题。经济性裁员是指企业由于经营不善等经济性原因,裁减的人员数量为二十人以上或者裁减不足二十人,但占企业职工总数10％以上的情形。按照《劳动合同法》的规定,在四种情形下,用人单位可以裁员解聘劳动者:(1)依照《企业破产法》规定进行重整的;(2)生产经营发生严重困难的;(3)企业转产、重大技术革新或者经营方式调整,经变更劳动合同后,仍需裁减人员的;(4)其他因劳动合同订立时所依据的客观经济情况发生重大变化,致使劳动合同无法履行的。

在优先留用劳动者的问题上,按照《劳动合同法》规定,与本单位订立较长期限的固定期限劳动合同的劳动者、订立无固定期限劳动合同的劳动者以及家庭无其他就业人员,有需要扶养的老人或者未成年人的劳动者,优先留下来。其中,与本单位订立较长期限的固定期限劳动合同和订立无固定期限劳动合同的人员优先留

用,主要是考虑劳动者对劳动合同有较长期限的预期,法律应对这种劳动者予以相应保护。规定优先留用家庭无其他就业人员,有需要扶养的老人或者未成年人的劳动者,主要是考虑这类劳动者对工作的依赖性非常强,一份工作关系到一个家庭的基本生活,用人单位不能将其随意推向社会,对这类社会弱势群体,法律应给予相应保护。三类优先留用的劳动者之间并没有谁优先的顺序,用人单位可以根据实际情况来确定。

结合本案,外贸服装生产厂裁减五十名职工的做法并无违法之处。

法条链接

《劳动合同法》第四十一条:有下列情形之一,需要裁减人员二十人以上或者裁减不足二十人但占企业职工总数百分之十以上的,用人单位应当提前三十日向工会或者全体职工说明情况,听取工会或者职工的意见后,裁减人员方案经向劳动行政部门报告,可以裁减人员:

(一)依照企业破产法规定进行重整的;

(二)生产经营发生严重困难的;

(三)企业转产、重大技术革新或者经营方式调整,经变更劳动合同后,仍需裁减人员的;

(四)其他因劳动合同订立时所依据的客观经济情况发生重大变化,致使劳动合同无法履行的。

裁减人员时,应当优先留用下列劳动者:

(一)与本单位订立较长期限的固定期限劳动合同的;

(二)订立无固定期限劳动合同的;

(三)家庭无其他就业人员,有需要扶养的老人或者未成年人的。

用人单位在六个月内重新招用人员的,应当通知被裁减的人员,并在同等条件下优先招用被裁减的人员。

50. 他们受到的伤害属于工伤吗

案情介绍

案件一： 2014年9月，某家电销售公司员工戴某在下班途中，与路人黄某发生争执。在争执过程中，戴某将黄某打成轻伤，与此同时，戴某的右中指被黄某咬断。案发后，公安机关分别对戴某和黄某给予罚款五百元和三百元的治安处罚。后劳动和社会保障部门根据戴某的工伤认定申请，对其作出了九级工伤的认定，戴某要求单位给予相应的伤残补贴。戴某所在的家电销售公司以戴某的行为违反治安管理为由，拒绝提供工伤待遇，因不服有关部门的工伤认定而提起行政诉讼，请求法院撤销该工伤认定。法院经过审理后，认为劳动和社会保障部门作出的工伤认定适用法律错误，判决撤销工伤认定。

案件二： 2013年3月26日晚上七时至十二时，刘某与同事在单位加班，由于当晚没什么要紧的事，有的同事提出，刘某晋升科长，应该请大家喝酒，刘某爽快地答应了。在酒桌上，刘某由于高兴，一口喝下了半斤装的白酒。当晚十时许，刘某因醉酒突然间不省人事。后被同事及时送往医院，经过了近十天的医治，刘某总算康复。为此，他花去了近五千元的医药费，后来，他找到单位领导，以晚上加班期间受伤为由，要求单位解决其医疗费用，但被领导拒绝了。

案件三： 高某是某国有企业的职工，从业十五年一直兢兢业业，博得了同事的好评。2014年6月，单位进行中层领导的换届，同事都认为高某有机会担任部门经理，他也很自信有望升迁。然而，在单位领导宣布新提拔的近十个部门经理中，没有高某。为此，他非常郁闷，当其事后找单位领导讨个说法时，被领导批评一顿。回到自己办公室后，高某情绪突然失控，不停地握拳猛砸办公桌,结果手背和手心被办公桌上砸碎的玻璃划破了。高某后被同事送往医院治疗,为此,花去医药费两千多元。他的家人认为,高某的受伤时间在上班期间,地点在办公室,应该属于工伤,要求单位解决医药费,但被单位拒绝了。

案件评析

上述三个案件均涉及工伤的认定问题。按照《工伤保险条例》的规定,职工存在因犯罪或者违反治安管理伤亡的、醉酒导致伤亡的、自残或者自杀的情形,不得认定为工伤或者视同工伤。因此,上述三个案件的当事人的工伤主张依法都不能成立。

就案件一而言,不将因犯罪或者违反治安管理伤亡的情形定为工伤,是因为职工的这种伤亡是其自身的违法或犯罪行为造成的。按照《刑法》和《治安管理处罚法》的规定,违法犯罪本身是要承担相应法律后果的,如果将违法犯罪行为列入工伤范畴,显然与这两部法律的立法精神和法律原则相悖,并有可能助长劳动者或者公职人员违法犯罪。

就案件二而言,不将醉酒导致伤亡的情形定为工伤,主要是考虑喝酒本身是一种危险性行为,而且国家的一些法律或纪律还明确禁止酒后工作,或者从事一些危及公共安全的活动,尤其是喝醉酒,不仅危及自己的生命财产安全,而且也会对他人的合法权益造成危险。将醉酒排除在工伤之外,既可以防范一些职工借醉酒非法索取相关待遇,也可以在一定程度上控制职工酒后工作,减少工伤事故的发生。

就案件三而言,自残或自杀是指通过各种手段和方法伤害自己的身体或结束自己生命,并造成伤害结果的行为。如果将这种行为所造成的伤害也列入工伤,不仅会造成国家或单位不应有的损失,而且也会不自觉地助长自残或自杀现象的滋生。

法条链接

《工伤保险条例》第十六条:职工有下列情形之一的,不得认定为工伤或者视同工伤:

(一)因犯罪或者违反治安管理伤亡的;

(二)醉酒导致伤亡的;

(三)自残或者自杀的。

51. 女职工生育期间的工资不得打折扣

案情介绍

2010年3月2日,于某与某纺织品公司签订了两年的劳动合同,约定月工资为两千元。劳动合同还约定,在劳动合同期内,如果于某生育,产假三个月,工资按约定工资的70%支付。2010年10月29日,于某因生育开始休假,公司便根据劳动合同约定,从2010年11月开始按于某工资的70%支付其产假工资。2012年3月1日,因合同期满,纺织品公司与于某解除了劳动合同,并支付了一定的经济补偿金,但于某要求公司补发其产假期间的工资差额,累计一千八百元。公司辩解说,产假不上班,没有任何付出,能发70%工资算是很人道了。为此,于某向当地劳动争议仲裁机构申请仲裁,要求公司补发产假差额工资一千八百元。

经过审理,劳动争议仲裁机构认为,纺织品公司提出的于某休产假,没有给单位创造劳动价值,不应当享受全额工资等主张于法无据,是一种劳动违法行为。最终,仲裁机构裁决纺织品公司补发于某一千八百元产假差额工资。

案件评析

本案涉及女职工生育期间的劳动保障问题。妇女在经期、孕期、产期、哺乳期受特殊保护是社会持续良性发展的需要,也是社会人性化发展的必然结果。对妇女的特殊保护属于国家法律的强制性规定,劳动者和用人单位不能通过合同约定予以排除。根据《妇女权益保障法》的规定,妇女在经期、孕期、产期、哺乳期受特殊保护。任何单位不得因结婚、怀孕、产假、哺乳等情形,降低女职工的工资,辞退女职工,单方解除劳动合同或者服务协议。不论是国务院制定的行政法规《女职工劳动保护特别规定》,还是劳动和社会保障部制定的部门规章《最低工资规定》,均规定劳动者在依法享受带薪年休假、探亲假、婚丧假、生育(产)假、节育手术假等国家规定的假期期间,视为提供了正常劳动。因此,本案中于某主张产假期间享受全额工资是有法律依据的。

法条链接

《妇女权益保障法》第二十七条:任何单位不得因结婚、怀孕、

产假、哺乳等情形,降低女职工的工资,辞退女职工,单方解除劳动(聘用)合同或者服务协议。但是,女职工要求终止劳动(聘用)合同或者服务协议的除外。

《女职工劳动保护特别规定》第五条:用人单位不得因女职工怀孕、生育、哺乳降低其工资、予以辞退、与其解除劳动或者聘用合同。

52. 在校学生假期打工受伤不能认定为工伤

案情介绍

宋某是某高校大三学生。从2014年7月10日开始,宋某利用暑假的一个半月时间,到学校附近的酒店做暑期工,双方约定每天八十元,酒店不提供吃住。同年8月6日晚上上班时,因酒店地面有水,宋某不慎滑倒,将手中的热水瓶打碎,手及胳膊被烫伤,事后被及时送往医院住院治疗,共花去医疗费两千三百元。该酒店只支付了部分医疗费,其他费用均未支付。在双方交涉没有结果的情况下,宋某向当地的劳动争议仲裁机构提出了仲裁申请,要求享受工伤待遇。劳动仲裁机构审查案件后,认为案件不属于劳动仲裁部门的受案范围,建议宋某通过诉讼的方式维权。

案件评析

工伤待遇针对的是建立劳动关系的用人单位和劳动者。《劳动法》所规定的"劳动者",是指达到法定年龄、具有劳动能力、以从事某种社会劳动获取收入为主要生活来源的自然人。在校大学生不具有建立劳动关系的主体资格,不具备《劳动法》规定的独立劳动者身份。按照原劳动部《关于贯彻执行〈劳动法〉若干问题的意见》的规定,在校生勤工助学的,不视为就业,未建立劳动关系,可以不签订劳动合同。可见,利用假期打工的在校学生与用人单位之间不属于劳动关系,在身份认定上并不是劳动者,不适用《劳动法》《劳动合同法》调整。在校生打工期间受伤的,不能按照《工伤保险条例》的规定进行工伤认定,进而不能依法享受工伤保险待遇,所受损害可按一般人身损害侵权向用人单位主张赔偿。

在本案中,宋某还是在校大学生,他打短期工时,和酒店之间没有形成劳动合同关系,二者之间只是一种雇佣关系。按照最高人民法院司法解释的规定,雇员在从事雇佣活动中遭受人身损害,雇主应当承担赔偿责任。如果是雇佣关系以外的第三人造成雇员人身损害的,赔偿权利人可以请求第三人承担赔偿责任,也可以请求雇主承担赔偿责任。如果赔偿权利人请求雇主承担赔偿责任的,雇主在承担赔偿责任后,可以向第三人追偿。本案中宋某受到伤害并非第三者的原因,而是酒店环境存在安全隐患所致,因此,酒店应当赔偿宋某受伤的一切费用。

法条链接

《劳动部关于贯彻执行〈劳动法〉若干问题的意见》第十二条:在校生利用业余时间勤工俭学,不视为就业,未建立劳动关系,可以不签订劳动合同。

《最高人民法院关于审理人身损害赔偿案件适用法律若干问题的解释》第十一条:雇员在从事雇佣活动中遭受人身损害,雇主应当承担赔偿责任。雇佣关系以外的第三人造成雇员人身损害的,赔偿权利人可以请求第三人承担赔偿责任,也可以请求雇主承担赔偿责任。雇主承担赔偿责任后,可以向第三人追偿。

雇员在从事雇佣活动中因安全生产事故遭受人身损害,发包人、分包人知道或者应当知道接受发包或者分包业务的雇主没有相应资质或者安全生产条件的,应当与雇主承担连带赔偿责任。

53. 新单位没有缴纳工伤保险的义务吗

案情介绍

梁某2009年8月1日之前就职于某国有企业。由于企业改制,梁某与单位签订了保留劳动关系至退休的协议。2009年11月1日,梁某与某建材公司签订了五年的劳动合同,建材公司认为梁某的各种社保已由原单位办理,就向梁某提出要求,如果发生工伤等事故,由原单位办理各种费用的支付或赔偿,梁某同意将这些内容写入劳动合同。2011年4月7日,梁某在工作时突发疾病死亡。出于道义考虑,建材公司与梁某的家属签订了一份工伤补助协议。协议签订后,建材公司即向梁某的家属支付了八万元工伤补助。2011年6月30日,工伤认定部门作出工伤认定,即梁某在工作时间和工作地点突发疾病造成的死亡,视同为工伤。为此,梁某的家属要求建材公司依照工伤法定补助标准给付经济补偿,建材公司予以拒绝。

2011年10月14日,梁某的家属向劳动争议仲裁机构申请仲裁,要求建材公司支付急救费、医药费、丧葬补助金、一次性工亡补助金等合计三十万元。12月16日,劳动仲裁机构裁决支持了梁某家属的仲裁请求。建材公司不服,便向法院提起了诉讼。法院最终判决支持梁某家属的诉讼请求。

案件评析

随着企业改制和劳动力资源流动的开放,劳动者同时与两个或两个以上用人单位建立劳动关系的现象越来越多。尤其是在国有企业改制中,分流职工在保留劳动关系或享受离岗退养待遇后,为了发挥劳动力价值,不少人选择到新的用人单位再就业。对此,我国劳动法律、法规并没有予以禁止,即劳动者可以同时与两个甚至两个以上用人单位建立劳动关系。

对于劳动者同时与多个用人单位建立劳动关系的工伤保险费缴纳问题,按照原劳动和社会保障部《关于实施〈工伤保险条例〉若干问题的意见》的规定,职工在两个或两个以上用人单位同时就业的,各用人单位应当分别为职工缴纳工伤保险费。职工发生工伤,由职工受到伤害时其工作的单位依法承担工伤保险责任。这种规定明确了在双重或多重劳动关系情形下,劳动者所在用人单位均应为职工缴纳工伤保险费,如果未依法缴纳,一旦发生工伤,则发生工伤时劳动者工作的用人单位需承担提供相应工伤保险待遇的责任。如果劳动者受工伤后用人单位私下与劳动者达成赔偿协议,劳动者之后又就工伤保险待遇提起仲裁和诉讼,要求用人单位按照工伤保险待遇标准赔偿的,人民法院则会综合衡量意思自治原则和公平原则,对赔偿协议的效力作出具体判断。

在本案中,尽管梁某原单位为其办理了工伤保险,其新的工作单位建材公司仍有义务为其办理工伤保险。一旦发生工伤事故,建材公司就有义务为其办理工伤保险相关事宜,并承担相关费用。

法条链接

《劳动和社会保障部关于实施〈工伤保险条例〉若干问题的意见》第一条:职工在两个或两个以上用人单位同时就业的,各用人单位应当分别为职工缴纳工伤保险费。职工发生工伤,由职工受到伤害时其工作的单位依法承担工伤保险责任。

附 录

中华人民共和国劳动合同法

(2007年6月29日第十届全国人民代表大会常务委员会第二十八次会议通过,2012年12月28日第十一届全国人民代表大会常务委员会第三十次会议修订)

第一章 总 则

第一条 为了完善劳动合同制度,明确劳动合同双方当事人的权利和义务,保护劳动者的合法权益,构建和发展和谐稳定的劳动关系,制定本法。

第二条 中华人民共和国境内的企业、个体经济组织、民办非企业单位等组织(以下称用人单位)与劳动者建立劳动关系,订立、履行、变更、解除或者终止劳动合同,适用本法。

国家机关、事业单位、社会团体和与其建立劳动关系的劳动者,订立、履行、变更、解除或者终止劳动合同,依照本法执行。

第三条 订立劳动合同,应当遵循合法、公平、平等自愿、协商一致、诚实信用的原则。

依法订立的劳动合同具有约束力,用人单位与劳动者应当履行劳动合同约定的义务。

第四条 用人单位应当依法建立和完善劳动规章制度,保障劳动者享有劳动权利、履行劳动义务。

用人单位在制定、修改或者决定有关劳动报酬、工作时间、休息休假、劳动安全卫生、保险福利、职工培训、劳动纪律以及劳动定额管理等直接涉及劳动者切身利益的规章制度或者重大事项时,应当经职工代表大会或者全体职工讨论,提出方案和意见,与工会或者职工代表平等协商确定。

在规章制度和重大事项决定实施过程中,工会或者职工认为不适当的,有权向用人单位提出,通过协商予以修改完善。

用人单位应当将直接涉及劳动者切身利益的规章制度和重大事项决定公示,或者告知劳动者。

第五条　县级以上人民政府劳动行政部门会同工会和企业方面代表,建立健全协调劳动关系三方机制,共同研究解决有关劳动关系的重大问题。

第六条　工会应当帮助、指导劳动者与用人单位依法订立和履行劳动合同,并与用人单位建立集体协商机制,维护劳动者的合法权益。

第二章　劳动合同的订立

第七条　用人单位自用工之日起即与劳动者建立劳动关系。用人单位应当建立职工名册备查。

第八条　用人单位招用劳动者时,应当如实告知劳动者工作内容、工作条件、工作地点、职业危害、安全生产状况、劳动报酬,以及劳动者要求了解的其他情况;用人单位有权了解劳动者与劳动合同直接相关的基本情况,劳动者应当如实说明。

第九条　用人单位招用劳动者,不得扣押劳动者的居民身份证和其他证件,不得要求劳动者提供担保或者以其他名义向劳动者收取财物。

第十条　建立劳动关系,应当订立书面劳动合同。

已建立劳动关系,未同时订立书面劳动合同的,应当自用工之日起一个月内订立书面劳动合同。

用人单位与劳动者在用工前订立劳动合同的,劳动关系自用工之日起建立。

第十一条　用人单位未在用工的同时订立书面劳动合同,与劳动者约定的劳动报酬不明确的,新招用的劳动者的劳动报酬按照集体合同规定的标准执行;没有集体合同或者集体合同未规定的,实行同工同酬。

第十二条　劳动合同分为固定期限劳动合同、无固定期限劳动合同和以完成一定工作任务为期限的劳动合同。

第十三条　固定期限劳动合同,是指用人单位与劳动者约定合同终止时间的劳动合同。

用人单位与劳动者协商一致,可以订立固定期限劳动合同。

第十四条　无固定期限劳动合同,是指用人单位与劳动者约定无确定终止时间的劳动合同。

用人单位与劳动者协商一致,可以订立无固定期限劳动合同。有下列情形之一,劳动者提出或者同意续订、订立劳动合同的,除劳动者提出订立固定期限劳动合同外,应当订立无固定期限劳动合同:

(一)劳动者在该用人单位连续工作满十年的;

(二)用人单位初次实行劳动合同制度或者国有企业改制重新订立劳动合同时,劳动者在该用人单位连续工作满十年且距法定退休年龄不足十年的;

(三)连续订立二次固定期限劳动合同,且劳动者没有本法第三十九条和第四十条第一项、第二项规定的情形,续订劳动合同的。

用人单位自用工之日起满一年不与劳动者订立书面劳动合同的,视为用人单位与劳动者已订立无固定期限劳动合同。

第十五条　以完成一定工作任务为期限的劳动合同,是指用人单位与劳动者约定以某项工作的完成为合同期限的劳动合同。

用人单位与劳动者协商一致,可以订立以完成一定工作任务为期限的劳动合同。

第十六条　劳动合同由用人单位与劳动者协商一致,并经用人单位与劳动者在劳动合同文本上签字或者盖章生效。

劳动合同文本由用人单位和劳动者各执一份。

第十七条　劳动合同应当具备以下条款:

(一)用人单位的名称、住所和法定代表人或者主要负责人;

(二)劳动者的姓名、住址和居民身份证或者其他有效身份证件号码;

(三)劳动合同期限;

(四)工作内容和工作地点;

(五)工作时间和休息休假;

(六)劳动报酬;

(七)社会保险;

(八)劳动保护、劳动条件和职业危害防护;

(九)法律、法规规定应当纳入劳动合同的其他事项。

劳动合同除前款规定的必备条款外,用人单位与劳动者可以约定试用期、培训、保守秘密、补充保险和福利待遇等其他事项。

第十八条　劳动合同对劳动报酬和劳动条件等标准约定不明确,引发争议的,用人单位与劳动者可以重新协商;协商不成的,适用集体合同规定;没有集体合同或者集体合同未规定劳动报酬的,实行同工同酬;没有集体合同或者集体合同未规定劳动条件等标准的,适用国家有关规定。

第十九条　劳动合同期限三个月以上不满一年的,试用期不得超过一个月;劳动合同期限一年以上不满三年的,试用期不得超过二个月;三年以上固定期限和无固定期限的劳动合同,试用期不得超过六个月。

同一用人单位与同一劳动者只能约定一次试用期。

以完成一定工作任务为期限的劳动合同或者劳动合同期限不满三个月的,不得约定试用期。

试用期包含在劳动合同期限内。劳动合同仅约定试用期的,试用期不成立,该期限为劳动合同期限。

第二十条　劳动者在试用期的工资不得低于本单位相同岗位最低档工资或者劳动合同约定工资的百分之八十,并不得低于用人单位所在地的最低工资标准。

第二十一条　在试用期中,除劳动者有本法第三十九条和第四十条第一项、第二项规定的情形外,用人单位不得解除劳动合同。用人单位在试用期解除劳动合同的,应当向劳动者说明理由。

第二十二条　用人单位为劳动者提供专项培训费用,对其进行专业技术培训的,可以与该劳动者订立协议,约定服务期。

劳动者违反服务期约定的,应当按照约定向用人单位支付违约金。违约金的数额不得超过用人单位提供的培训费用。用人单位要求劳动者支付的违约金不得超过服务期尚未履行部分所应分摊的培训费用。

用人单位与劳动者约定服务期的,不影响按照正常的工资调整机制提高劳动者在服务期期间的劳动报酬。

第二十三条　用人单位与劳动者可以在劳动合同中约定保守用人单位的商业秘密和与知识产权相关的保密事项。

对负有保密义务的劳动者,用人单位可以在劳动合同或者保密协议中与劳动者约定竞业限制条款,并约定在解除或者终止劳动合同后,在竞业限制期限内按月给予劳动者经济补偿。劳动者违反竞业限制约定的,应当按照约定向用人单位支付违约金。

第二十四条　竞业限制的人员限于用人单位的高级管理人员、高级技术人员和其他负有保密义务的人员。竞业限制的范围、地域、期限由用人单位与劳动者约定，竞业限制的约定不得违反法律、法规的规定。

在解除或者终止劳动合同后，前款规定的人员到与本单位生产或者经营同类产品、从事同类业务的有竞争关系的其他用人单位，或者自己开业生产或者经营同类产品、从事同类业务的竞业限制期限，不得超过二年。

第二十五条　除本法第二十二条和第二十三条规定的情形外，用人单位不得与劳动者约定由劳动者承担违约金。

第二十六条　下列劳动合同无效或者部分无效：

（一）以欺诈、胁迫的手段或者乘人之危，使对方在违背真实意思的情况下订立或者变更劳动合同的；

（二）用人单位免除自己的法定责任、排除劳动者权利的；

（三）违反法律、行政法规强制性规定的。

对劳动合同的无效或者部分无效有争议的，由劳动争议仲裁机构或者人民法院确认。

第二十七条　劳动合同部分无效，不影响其他部分效力的，其他部分仍然有效。

第二十八条　劳动合同被确认无效，劳动者已付出劳动的，用人单位应当向劳动者支付劳动报酬。劳动报酬的数额，参照本单位相同或者相近岗位劳动者的劳动报酬确定。

第三章　劳动合同的履行和变更

第二十九条　用人单位与劳动者应当按照劳动合同的约定，全面履行各自的义务。

第三十条　用人单位应当按照劳动合同约定和国家规定，向劳动者及时足额支付劳动报酬。

用人单位拖欠或者未足额支付劳动报酬的，劳动者可以依法向当地人民法院申请支付令，人民法院应当依法发出支付令。

第三十一条　用人单位应当严格执行劳动定额标准,不得强迫或者变相强迫劳动者加班。用人单位安排加班的,应当按照国家有关规定向劳动者支付加班费。

第三十二条　劳动者拒绝用人单位管理人员违章指挥、强令冒险作业的,不视为违反劳动合同。

劳动者对危害生命安全和身体健康的劳动条件,有权对用人单位提出批评、检举和控告。

第三十三条　用人单位变更名称、法定代表人、主要负责人或者投资人等事项,不影响劳动合同的履行。

第三十四条　用人单位发生合并或者分立等情况,原劳动合同继续有效,劳动合同由承继其权利和义务的用人单位继续履行。

第三十五条　用人单位与劳动者协商一致,可以变更劳动合同约定的内容。变更劳动合同,应当采用书面形式。

变更后的劳动合同文本由用人单位和劳动者各执一份。

第四章　劳动合同的解除和终止

第三十六条　用人单位与劳动者协商一致,可以解除劳动合同。

第三十七条　劳动者提前三十日以书面形式通知用人单位,可以解除劳动合同。劳动者在试用期内提前三日通知用人单位,可以解除劳动合同。

第三十八条　用人单位有下列情形之一的,劳动者可以解除劳动合同:

(一)未按照劳动合同约定提供劳动保护或者劳动条件的;

(二)未及时足额支付劳动报酬的;

(三)未依法为劳动者缴纳社会保险费的;

(四)用人单位的规章制度违反法律、法规的规定,损害劳动者权益的;

（五）因本法第二十六条第一款规定的情形致使劳动合同无效的；

（六）法律、行政法规规定劳动者可以解除劳动合同的其他情形。

用人单位以暴力、威胁或者非法限制人身自由的手段强迫劳动者劳动的，或者用人单位违章指挥、强令冒险作业危及劳动者人身安全的，劳动者可以立即解除劳动合同，不需事先告知用人单位。

第三十九条　劳动者有下列情形之一的，用人单位可以解除劳动合同：

（一）在试用期间被证明不符合录用条件的；

（二）严重违反用人单位的规章制度的；

（三）严重失职，营私舞弊，给用人单位造成重大损害的；

（四）劳动者同时与其他用人单位建立劳动关系，对完成本单位的工作任务造成严重影响，或者经用人单位提出，拒不改正的；

（五）因本法第二十六条第一款第一项规定的情形致使劳动合同无效的；

（六）被依法追究刑事责任的。

第四十条　有下列情形之一的，用人单位提前三十日以书面形式通知劳动者本人或者额外支付劳动者一个月工资后，可以解除劳动合同：

（一）劳动者患病或者非因工负伤，在规定的医疗期满后不能从事原工作，也不能从事由用人单位另行安排的工作的；

（二）劳动者不能胜任工作，经过培训或者调整工作岗位，仍不能胜任工作的；

（三）劳动合同订立时所依据的客观情况发生重大变化，致使劳动合同无法履行，经用人单位与劳动者协商，未能就变更劳动合同内容达成协议的。

第四十一条　有下列情形之一，需要裁减人员二十人以上或者裁减不足二十人但占企业职工总数百分之十以上的,用人单位提前三十日向工会或者全体职工说明情况,听取工会或者职工的意见后,裁减人员方案经向劳动行政部门报告,可以裁减人员:

(一)依照企业破产法规定进行重整的;

(二)生产经营发生严重困难的;

(三)企业转产、重大技术革新或者经营方式调整,经变更劳动合同后,仍需裁减人员的;

(四)其他因劳动合同订立时所依据的客观经济情况发生重大变化,致使劳动合同无法履行的。

裁减人员时,应当优先留用下列人员:

(一)与本单位订立较长期限的固定期限劳动合同的;

(二)与本单位订立无固定期限劳动合同的;

(三)家庭无其他就业人员,有需要扶养的老人或者未成年人的。

用人单位依照本条第一款规定裁减人员,在六个月内重新招用人员的,应当通知被裁减的人员,并在同等条件下优先招用被裁减的人员。

第四十二条 劳动者有下列情形之一的,用人单位不得依照本法第四十条、第四十一条的规定解除劳动合同:

(一)从事接触职业病危害作业的劳动者未进行离岗前职业健康检查,或者疑似职业病病人在诊断或者医学观察期间的;

(二)在本单位患职业病或者因工负伤并被确认丧失或者部分丧失劳动能力的;

(三)患病或者非因工负伤,在规定的医疗期内的;

(四)女职工在孕期、产期、哺乳期的;

(五)在本单位连续工作满十五年,且距法定退休年龄不足五年的;

(六)法律、行政法规规定的其他情形。

第四十三条 用人单位单方解除劳动合同,应当事先将理由通知工会。用人单位违反法律、行政法规规定或者劳动合同约定的,工会有权要求用人单位纠正。用人单位应当研究工会的意见,并将处理结果书面通知工会。

第四十四条 有下列情形之一的,劳动合同终止:

(一)劳动合同期满的;

(二)劳动者开始依法享受基本养老保险待遇的;

(三)劳动者死亡,或者被人民法院宣告死亡或者宣告失踪的;

(四)用人单位被依法宣告破产的;

(五)用人单位被吊销营业执照、责令关闭、撤销或者用人单位决定提前解散的;

(六)法律、行政法规规定的其他情形。

第四十五条 劳动合同期满,有本法第四十二条规定情形之一的,劳动合同应当续延至相应的情形消失时终止。但是,本法第四十二条第二项规定丧失或者部分丧失劳动能力劳动者的劳动合同的终止,按照国家有关工伤保险的规定执行。

第四十六条 有下列情形之一的,用人单位应当向劳动者支付经济补偿:

(一)劳动者依照本法第三十八条规定解除劳动合同的;

(二)用人单位依照本法第三十六条规定向劳动者提出解除劳动合同并与劳动者协商一致解除劳动合同的;

(三)用人单位依照本法第四十条规定解除劳动合同的;

(四)用人单位依照本法第四十一条第一款规定解除劳动合同的;

(五)除用人单位维持或者提高劳动合同约定条件续订劳动合同,劳动者不同意续订的情形外,依照本法第四十四条第一项规定终止固定期限劳动合同的;

（六）依照本法第四十四条第四项、第五项规定终止劳动合同的；

（七）法律、行政法规规定的其他情形。

第四十七条　经济补偿按劳动者在本单位工作的年限，每满一年支付一个月工资的标准向劳动者支付。六个月以上不满一年的，按一年计算；不满六个月的，向劳动者支付半个月工资的经济补偿。

劳动者月工资高于用人单位所在直辖市、设区的市级人民政府公布的本地区上年度职工月平均工资三倍的，向其支付经济补偿的标准按职工月平均工资三倍的数额支付，向其支付经济补偿的年限最高不超过十二年。

本条所称月工资是指劳动者在劳动合同解除或者终止前十二个月的平均工资。

第四十八条　用人单位违反本法规定解除或者终止劳动合同，劳动者要求继续履行劳动合同的，用人单位应当继续履行；劳动者不要求继续履行劳动合同或者劳动合同已经不能继续履行的，用人单位应当依照本法第八十七条规定支付赔偿金。

第四十九条　国家采取措施，建立健全劳动者社会保险关系跨地区转移接续制度。

第五十条　用人单位应当在解除或者终止劳动合同时出具解除或者终止劳动合同的证明，并在十五日内为劳动者办理档案和社会保险关系转移手续。

劳动者应当按照双方约定，办理工作交接。用人单位依照本法有关规定应当向劳动者支付经济补偿的，在办结工作交接时支付。

用人单位对已经解除或者终止的劳动合同的文本，至少保存二年备查。

第五章　特别规定
第一节　集体合同

第五十一条　企业职工一方与用人单位通过平等协商,可以就劳动报酬、工作时间、休息休假、劳动安全卫生、保险福利等事项订立集体合同。集体合同草案应当提交职工代表大会或者全体职工讨论通过。

集体合同由工会代表企业职工一方与用人单位订立;尚未建立工会的用人单位,由上级工会指导劳动者推举的代表与用人单位订立。

第五十二条　企业职工一方与用人单位可以订立劳动安全卫生、女职工权益保护、工资调整机制等专项集体合同。

第五十三条　在县级以下区域内,建筑业、采矿业、餐饮服务业等行业可以由工会与企业方面代表订立行业性集体合同,或者订立区域性集体合同。

第五十四条　集体合同订立后,应当报送劳动行政部门;劳动行政部门自收到集体合同文本之日起十五日内未提出异议的,集体合同即行生效。

依法订立的集体合同对用人单位和劳动者具有约束力。行业性、区域性集体合同对当地本行业、本区域的用人单位和劳动者具有约束力。

第五十五条　集体合同中劳动报酬和劳动条件等标准不得低于当地人民政府规定的最低标准;用人单位与劳动者订立的劳动合同中劳动报酬和劳动条件等标准不得低于集体合同规定的标准。

第五十六条　用人单位违反集体合同,侵犯职工劳动权益的,工会可以依法要求用人单位承担责任;因履行集体合同发生争议,经协商解决不成的,工会可以依法申请仲裁、提起诉讼。

第二节 劳务派遣

第五十七条 经营劳务派遣业务应当具备下列条件：

（一）注册资本不得少于人民币二百万元；

（二）有与开展业务相适应的固定的经营场所和设施；

（三）有符合法律、行政法规规定的劳务派遣管理制度；

（四）法律、行政法规规定的其他条件。

经营劳务派遣业务，应当向劳动行政部门依法申请行政许可；经许可的，依法办理相应的公司登记。未经许可，任何单位和个人不得经营劳务派遣业务。

第五十八条 劳务派遣单位是本法所称用人单位，应当履行用人单位对劳动者的义务。劳务派遣单位与被派遣劳动者订立的劳动合同，除应当载明本法第十七条规定的事项外，还应当载明被派遣劳动者的用工单位以及派遣期限、工作岗位等情况。

劳务派遣单位应当与被派遣劳动者订立二年以上的固定期限劳动合同，按月支付劳动报酬；被派遣劳动者在无工作期间，劳务派遣单位应当按照所在地人民政府规定的最低工资标准，向其按月支付报酬。

第五十九条 劳务派遣单位派遣劳动者应当与接受以劳务派遣形式用工的单位（以下称用工单位）订立劳务派遣协议。劳务派遣协议应当约定派遣岗位和人员数量、派遣期限、劳动报酬和社会保险费的数额与支付方式以及违反协议的责任。

用工单位应当根据工作岗位的实际需要与劳务派遣单位确定派遣期限，不得将连续用工期限分割订立数个短期劳务派遣协议。

第六十条 劳务派遣单位应当将劳务派遣协议的内容告知被派遣劳动者。

劳务派遣单位不得克扣用工单位按照劳务派遣协议支付给被派遣劳动者的劳动报酬。

劳务派遣单位和用工单位不得向被派遣劳动者收取费用。

第六十一条　劳务派遣单位跨地区派遣劳动者的,被派遣劳动者享有的劳动报酬和劳动条件,按照用工单位所在地的标准执行。

第六十二条　用工单位应当履行下列义务:

(一)执行国家劳动标准,提供相应的劳动条件和劳动保护;

(二)告知被派遣劳动者的工作要求和劳动报酬;

(三)支付加班费、绩效奖金,提供与工作岗位相关的福利待遇;

(四)对在岗被派遣劳动者进行工作岗位所必需的培训;

(五)连续用工的,实行正常的工资调整机制。

用工单位不得将被派遣劳动者再派遣到其他用人单位。

第六十三条　被派遣劳动者享有与用工单位的劳动者同工同酬的权利。用工单位应当按照同工同酬原则,对被派遣劳动者与本单位同类岗位的劳动者实行相同的劳动报酬分配办法。用工单位无同类岗位劳动者的,参照用工单位所在地相同或者相近岗位劳动者的劳动报酬确定。

劳务派遣单位与被派遣劳动者订立的劳动合同和与用工单位订立的劳务派遣协议,载明或者约定的向被派遣劳动者支付的劳动报酬应当符合前款规定。

第六十四条　被派遣劳动者有权在劳务派遣单位或者用工单位依法参加或者组织工会,维护自身的合法权益。

第六十五条　被派遣劳动者可以依照本法第三十六条、第三十八条的规定与劳务派遣单位解除劳动合同。

被派遣劳动者有本法第三十九条和第四十条第一项、第二项规定情形的,用工单位可以将劳动者退回劳务派遣单位,劳务派遣单位依照本法有关规定,可以与劳动者解除劳动合同。

第六十六条　劳动合同用工是我国的企业基本用工形式。劳务派遣用工是补充形式,只能在临时性、辅助性或者替代性的工作岗位上实施。

前款规定的临时性工作岗位是指存续时间不超过六个月的岗位;辅助性工作岗位是指为主营业务岗位提供服务的非主营业务岗位;替代性工作岗位是指用工单位的劳动者因脱产学习、休假等原因无法工作的一定期间内,可以由其他劳动者替代工作的岗位。

用工单位应当严格控制劳务派遣用工数量,不得超过其用工总量的一定比例,具体比例由国务院劳动行政部门规定。

第六十七条　用人单位不得设立劳务派遣单位向本单位或者所属单位派遣劳动者。

第三节　非全日制用工

第六十八条　非全日制用工,是指以小时计酬为主,劳动者在同一用人单位一般平均每日工作时间不超过四小时,每周工作时间累计不超过二十四小时的用工形式。

第六十九条　非全日制用工双方当事人可以订立口头协议。

从事非全日制用工的劳动者可以与一个或者一个以上用人单位订立劳动合同;但是,后订立的劳动合同不得影响先订立的劳动合同的履行。

第七十条　非全日制用工双方当事人不得约定试用期。

第七十一条　非全日制用工双方当事人任何一方都可以随时通知对方终止用工。终止用工,用人单位不向劳动者支付经济补偿。

第七十二条　非全日制用工小时计酬标准不得低于用人单位所在地人民政府规定的最低小时工资标准。

非全日制用工劳动报酬结算支付周期最长不得超过十五日。

第六章 监督检查

第七十三条 国务院劳动行政部门负责全国劳动合同制度实施的监督管理。

县级以上地方人民政府劳动行政部门负责本行政区域内劳动合同制度实施的监督管理。

县级以上各级人民政府劳动行政部门在劳动合同制度实施的监督管理工作中,应当听取工会、企业方面代表以及有关行业主管部门的意见。

第七十四条 县级以上地方人民政府劳动行政部门依法对下列实施劳动合同制度的情况进行监督检查:

(一)用人单位制定直接涉及劳动者切身利益的规章制度及其执行的情况;

(二)用人单位与劳动者订立和解除劳动合同的情况;

(三)劳务派遣单位和用工单位遵守劳务派遣有关规定的情况;

(四)用人单位遵守国家关于劳动者工作时间和休息休假规定的情况;

(五)用人单位支付劳动合同约定的劳动报酬和执行最低工资标准的情况;

(六)用人单位参加各项社会保险和缴纳社会保险费的情况;

(七)法律、法规规定的其他劳动监察事项。

第七十五条 县级以上地方人民政府劳动行政部门实施监督检查时,有权查阅与劳动合同、集体合同有关的材料,有权对劳动场所进行实地检查,用人单位和劳动者都应当如实提供有关情况和材料。

劳动行政部门的工作人员进行监督检查,应当出示证件,依法行使职权,文明执法。

第七十六条　县级以上人民政府建设、卫生、安全生产监督管理等有关主管部门在各自职责范围内,对用人单位执行劳动合同制度的情况进行监督管理。

第七十七条　劳动者合法权益受到侵害的,有权要求有关部门依法处理,或者依法申请仲裁、提起诉讼。

第七十八条　工会依法维护劳动者的合法权益,对用人单位履行劳动合同、集体合同的情况进行监督。用人单位违反劳动法律、法规和劳动合同、集体合同的,工会有权提出意见或者要求纠正;劳动者申请仲裁、提起诉讼的,工会依法给予支持和帮助。

第七十九条　任何组织或者个人对违反本法的行为都有权举报,县级以上人民政府劳动行政部门应当及时核实、处理,并对举报有功人员给予奖励。

第七章　法律责任

第八十条　用人单位直接涉及劳动者切身利益的规章制度违反法律、法规规定的,由劳动行政部门责令改正,给予警告;给劳动者造成损害的,应当承担赔偿责任。

第八十一条　用人单位提供的劳动合同文本未载明本法规定的劳动合同必备条款或者用人单位未将劳动合同文本交付劳动者的,由劳动行政部门责令改正;给劳动者造成损害的,应当承担赔偿责任。

第八十二条　用人单位自用工之日起超过一个月不满一年未与劳动者订立书面劳动合同的,应当向劳动者每月支付二倍的工资。

用人单位违反本法规定不与劳动者订立无固定期限劳动合同的,自应当订立无固定期限劳动合同之日起向劳动者每月支付二倍的工资。

第八十三条　用人单位违反本法规定与劳动者约定试用期

的,由劳动行政部门责令改正;违法约定的试用期已经履行的,由用人单位以劳动者试用期满月工资为标准,按已经履行的超过法定试用期的期间向劳动者支付赔偿金。

第八十四条 用人单位违反本法规定,扣押劳动者居民身份证等证件的,由劳动行政部门责令限期退还劳动者本人,并依照有关法律规定给予处罚。

用人单位违反本法规定,以担保或者其他名义向劳动者收取财物的,由劳动行政部门责令限期退还劳动者本人,并以每人五百元以上二千元以下的标准处以罚款;给劳动者造成损害的,应当承担赔偿责任。

劳动者依法解除或者终止劳动合同,用人单位扣押劳动者档案或者其他物品的,依照前款规定处罚。

第八十五条 用人单位有下列情形之一的,由劳动行政部门责令限期支付劳动报酬、加班费或者经济补偿;劳动报酬低于当地最低工资标准的,应当支付其差额部分;逾期不支付的,责令用人单位按应付金额百分之五十以上百分之一百以下的标准向劳动者加付赔偿金:

(一)未按照劳动合同的约定或者国家规定及时足额支付劳动者劳动报酬的;

(二)低于当地最低工资标准支付劳动者工资的;

(三)安排加班不支付加班费的;

(四)解除或者终止劳动合同,未依照本法规定向劳动者支付经济补偿的。

第八十六条 劳动合同依照本法第二十六条规定被确认无效,给对方造成损害的,有过错的一方应当承担赔偿责任。

第八十七条 用人单位违反本法规定解除或者终止劳动合同的,应当依照本法第四十七条规定的经济补偿标准的二倍向劳动者支付赔偿金。

第八十八条 用人单位有下列情形之一的,依法给予行政处罚;构成犯罪的,依法追究刑事责任;给劳动者造成损害的,应当承担赔偿责任:

(一)以暴力、威胁或者非法限制人身自由的手段强迫劳动的;

(二)违章指挥或者强令冒险作业危及劳动者人身安全的;

(三)侮辱、体罚、殴打、非法搜查或者拘禁劳动者的;

(四)劳动条件恶劣、环境污染严重,给劳动者身心健康造成严重损害的。

第八十九条 用人单位违反本法规定未向劳动者出具解除或者终止劳动合同的书面证明,由劳动行政部门责令改正;给劳动者造成损害的,应当承担赔偿责任。

第九十条 劳动者违反本法规定解除劳动合同,或者违反劳动合同中约定的保密义务或者竞业限制,给用人单位造成损失的,应当承担赔偿责任。

第九十一条 用人单位招用与其他用人单位尚未解除或者终止劳动合同的劳动者,给其他用人单位造成损失的,应当承担连带赔偿责任。

第九十二条 违反本法规定,未经许可,擅自经营劳务派遣业务的,由劳动行政部门责令停止违法行为,没收违法所得,并处违法所得一倍以上五倍以下的罚款;没有违法所得的,可以处五万元以下的罚款。

劳务派遣单位、用工单位违反本法有关劳务派遣规定的,由劳动行政部门责令限期改正;逾期不改正的,以每人五千元以上一万元以下的标准处以罚款,对劳务派遣单位,吊销其劳务派遣业务经营许可证。用工单位给被派遣劳动者造成损害的,劳务派遣单位与用工单位承担连带赔偿责任。

第九十三条 对不具备合法经营资格的用人单位的违法犯罪行为,依法追究法律责任;劳动者已经付出劳动的,该单位或者其出资人应当依照本法有关规定向劳动者支付劳动报酬、经济补偿、赔偿金;给劳动者造成损害的,应当承担赔偿责任。

　　第九十四条 个人承包经营违反本法规定招用劳动者,给劳动者造成损害的,发包的组织与个人承包经营者承担连带赔偿责任。

　　第九十五条 劳动行政部门和其他有关主管部门及其工作人员玩忽职守、不履行法定职责,或者违法行使职权,给劳动者或者用人单位造成损害的,应当承担赔偿责任;对直接负责的主管人员和其他直接责任人员,依法给予行政处分;构成犯罪的,依法追究刑事责任。

第八章　附　则

　　第九十六条 事业单位与实行聘用制的工作人员订立、履行、变更、解除或者终止劳动合同,法律、行政法规或者国务院另有规定的,依照其规定;未作规定的,依照本法有关规定执行。

　　第九十七条 本法施行前已依法订立且在本法施行之日存续的劳动合同,继续履行;本法第十四条第二款第三项规定连续订立固定期限劳动合同的次数,自本法施行后续订固定期限劳动合同时开始计算。

　　本法施行前已建立劳动关系,尚未订立书面劳动合同的,应当自本法施行之日起一个月内订立。

　　本法施行之日存续的劳动合同在本法施行后解除或者终止,依照本法第四十六条规定应当支付经济补偿的,经济补偿年限自本法施行之日起计算;本法施行前按照当时有关规定,用人单位应当向劳动者支付经济补偿的,按照当时有关规定执行。

　　第九十八条 本法自2008年1月1日起施行。

中华人民共和国劳动法

(1994年7月5日第八届全国人民代表大会常务委员会第八次会议通过)

第一章 总 则

第一条 为了保护劳动者的合法权益,调整劳动关系,建立和维护适应社会主义市场经济的劳动制度,促进经济发展和社会进步,根据宪法,制定本法。

第二条 在中华人民共和国境内的企业、个体经济组织(以下统称用人单位)和与之形成劳动关系的劳动者,适用本法。

国家机关、事业组织、社会团体和与之建立劳动合同关系的劳动者,依照本法执行。

第三条 劳动者享有平等就业和选择职业的权利、取得劳动报酬的权利、休息休假的权利、获得劳动安全卫生保护的权利、接受职业技能培训的权利、享受社会保险和福利的权利、提请劳动争议处理的权利以及法律规定的其他劳动权利。

劳动者应当完成劳动任务,提高职业技能,执行劳动安全卫生规程,遵守劳动纪律和职业道德。

第四条 用人单位应当依法建立和完善规章制度,保障劳动者享有劳动权利和履行劳动义务。

第五条 国家采取各种措施,促进劳动就业,发展职业教育,制定劳动标准,调节社会收入,完善社会保险,协调劳动关系,逐步提高劳动者的生活水平。

第六条 国家提倡劳动者参加社会义务劳动,开展劳动竞赛和合理化建议活动,鼓励和保护劳动者进行科学研究、技术革新和发明创造,表彰和奖励劳动模范和先进工作者。

第七条 劳动者有权依法参加和组织工会。

工会代表和维护劳动者的合法权益,依法独立自主地开展活动。

第八条 劳动者依照法律规定,通过职工大会、职工代表大会或者其他形式,参与民主管理或者就保护劳动者合法权益与用人单位进行平等协商。

第九条 国务院劳动行政部门主管全国劳动工作。

县级以上地方人民政府劳动行政部门主管本行政区域内的劳动工作。

第二章 促进就业

第十条 国家通过促进经济和社会发展,创造就业条件,扩大就业机会。

国家鼓励企业、事业组织、社会团体在法律、行政法规规定的范围内兴办产业或者拓展经营,增加就业。

国家支持劳动者自愿组织起来就业和从事个体经营实现就业。

第十一条 地方各级人民政府应当采取措施,发展多种类型的职业介绍机构,提供就业服务。

第十二条 劳动者就业,不因民族、种族、性别、宗教信仰不同而受歧视。

第十三条 妇女享有与男子平等的就业权利。在录用职工时,除国家规定的不适合妇女的工种或者岗位外,不得以性别为由拒绝录用妇女或者提高对妇女的录用标准。

第十四条 残疾人、少数民族人员、退出现役的军人的就业,法律、法规有特别规定的,从其规定。

第十五条 禁止用人单位招用未满十六周岁的未成年人。

文艺、体育和特种工艺单位招用未满十六周岁的未成年人,必须依照国家有关规定,履行审批手续,并保障其接受义务教育的权利。

第三章 劳动合同和集体合同

第十六条 劳动合同是劳动者与用人单位确立劳动关系、明确双方权利和义务的协议。

建立劳动关系应当订立劳动合同。

第十七条 订立和变更劳动合同,应当遵循平等自愿、协商一致的原则,不得违反法律、行政法规的规定。

劳动合同依法订立即具有法律约束力,当事人必须履行劳动合同规定的义务。

第十八条 下列劳动合同无效:

(一)违反法律、行政法规的劳动合同;

(二)采取欺诈、威胁等手段订立的劳动合同。

无效的劳动合同,从订立的时候起,就没有法律约束力。确认劳动合同部分无效的,如果不影响其余部分的效力,其余部分仍然有效。

劳动合同的无效,由劳动争议仲裁委员会或者人民法院确认。

第十九条 劳动合同应当以书面形式订立,并具备以下条款:

(一)劳动合同期限;

(二)工作内容;

(三)劳动保护和劳动条件;

(四)劳动报酬;

(五)劳动纪律;

(六)劳动合同终止的条件;

(七)违反劳动合同的责任。

劳动合同除前款规定的必备条款外,当事人可以协商约定其他内容。

第二十条 劳动合同的期限分为有固定期限、无固定期限和以完成一定的工作为期限。

劳动者在同一用人单位连续工作满十年以上,当事人双方同意续延劳动合同的,如果劳动者提出订立无固定期限的劳动合同,应当订立无固定期限的劳动合同。

第二十一条 劳动合同可以约定试用期。试用期最长不得超过六个月。

第二十二条 劳动合同当事人可以在劳动合同中约定保守用人单位商业秘密的有关事项。

第二十三条 劳动合同期满或者当事人约定的劳动合同终止条件出现,劳动合同即行终止。

第二十四条 经劳动合同当事人协商一致,劳动合同可以解除。

第二十五条 劳动者有下列情形之一的,用人单位可以解除劳动合同:

(一)在试用期间被证明不符合录用条件的;

(二)严重违反劳动纪律或者用人单位规章制度的;

(三)严重失职,营私舞弊,对用人单位利益造成重大损害的;

(四)被依法追究刑事责任的。

第二十六条 有下列情形之一的,用人单位可以解除劳动合同,但是应当提前三十日以书面形式通知劳动者本人:

(一)劳动者患病或者非因工负伤,医疗期满后,不能从事原工作也不能从事由用人单位另行安排的工作的;

(二)劳动者不能胜任工作,经过培训或者调整工作岗位,仍不能胜任工作的;

(三)劳动合同订立时所依据的客观情况发生重大变化,致使原劳动合同无法履行,经当事人协商不能就变更劳动合同达成协议的。

第二十七条 用人单位濒临破产进行法定整顿期间或者生产

经营状况发生严重困难,确需裁减人员的,应当提前三十日向工会或者全体职工说明情况,听取工会或者职工的意见,经向劳动行政部门报告后,可以裁减人员。

用人单位依据本条规定裁减人员,在六个月内录用人员的,应当优先录用被裁减的人员。

第二十八条 用人单位依据本法第二十四条、第二十六条、第二十七条的规定解除劳动合同的,应当依照国家有关规定给予经济补偿。

第二十九条 劳动者有下列情形之一的,用人单位不得依据本法第二十六条、第二十七条的规定解除劳动合同:

(一)患职业病或者因工负伤并被确认丧失或者部分丧失劳动能力的;

(二)患病或者负伤,在规定的医疗期内的;

(三)女职工在孕期、产期、哺乳期内的;

(四)法律、行政法规规定的其他情形。

第三十条 用人单位解除劳动合同,工会认为不适当的,有权提出意见。如果用人单位违反法律、法规或者劳动合同,工会有权要求重新处理;劳动者申请仲裁或者提起诉讼的,工会应当依法给予支持和帮助。

第三十一条 劳动者解除劳动合同,应当提前三十日以书面形式通知用人单位。

第三十二条 有下列情形之一的,劳动者可以随时通知用人单位解除劳动合同:

(一)在试用期内的;

(二)用人单位以暴力、威胁或者非法限制人身自由的手段强迫劳动的;

(三)用人单位未按照劳动合同约定支付劳动报酬或者提供劳

动条件的。

第三十三条　企业职工一方与企业可以就劳动报酬、工作时间、休息休假、劳动安全卫生、保险福利等事项，签订集体合同。集体合同草案应当提交职工代表大会或者全体职工讨论通过。

集体合同由工会代表职工与企业签订；没有建立工会的企业，由职工推举的代表与企业签订。

第三十四条　集体合同签订后应当报送劳动行政部门；劳动行政部门自收到集体合同文本之日起十五日内未提出异议的，集体合同即行生效。

第三十五条　依法签订的集体合同对企业和企业全体职工具有约束力。职工个人与企业订立的劳动合同中劳动条件和劳动报酬等标准不得低于集体合同的规定。

第四章　工作时间和休息休假

第三十六条　国家实行劳动者每日工作时间不超过八小时、平均每周工作时间不超过四十四小时的工时制度。

第三十七条　对实行计件工作的劳动者，用人单位应当根据本法第三十六条规定的工时制度合理确定其劳动定额和计件报酬标准。

第三十八条　用人单位应当保证劳动者每周至少休息一日。

第三十九条　企业因生产特点不能实行本法第三十六条、第三十八条规定的，经劳动行政部门批准，可以实行其他工作和休息办法。

第四十条　用人单位在下列节日期间应当依法安排劳动者休假：

（一）元旦；

（二）春节；

（三）国际劳动节；

（四）国庆节；

（五）法律、法规规定的其他休假节日。

第四十一条　用人单位由于生产经营需要，经与工会和劳动者协商后可以延长工作时间，一般每日不得超过一小时；因特殊原因需要延长工作时间的，在保障劳动者身体健康的条件下延长工作时间每日不得超过三小时，但是每月不得超过三十六小时。

第四十二条　有下列情形之一的，延长工作时间不受本法第四十一条的限制：

（一）发生自然灾害、事故或者因其他原因，威胁劳动者生命健康和财产安全，需要紧急处理的；

（二）生产设备、交通运输线路、公共设施发生故障，影响生产和公众利益，必须及时抢修的；

（三）法律、行政法规规定的其他情形。

第四十三条　用人单位不得违反本法规定延长劳动者的工作时间。

第四十四条　有下列情形之一的，用人单位应当按照下列标准支付高于劳动者正常工作时间工资的工资报酬：

（一）安排劳动者延长工作时间的，支付不低于工资的百分之一百五十的工资报酬；

（二）休息日安排劳动者工作又不能安排补休的，支付不低于工资的百分之二百的工资报酬；

（三）法定休假日安排劳动者工作的，支付不低于工资的百分之三百的工资报酬。

第四十五条　国家实行带薪年休假制度。

劳动者连续工作一年以上的，享受带薪年休假。具体办法由国务院规定。

第五章 工 资

第四十六条 工资分配应当遵循按劳分配原则,实行同工同酬。

工资水平在经济发展的基础上逐步提高。国家对工资总量实行宏观调控。

第四十七条 用人单位根据本单位的生产经营特点和经济效益,依法自主确定本单位的工资分配方式和工资水平。

第四十八条 国家实行最低工资保障制度。最低工资的具体标准由省、自治区、直辖市人民政府规定,报国务院备案。

用人单位支付劳动者的工资不得低于当地最低工资标准。

第四十九条 确定和调整最低工资标准应当综合参考下列因素:

(一)劳动者本人及平均赡养人口的最低生活费用;

(二)社会平均工资水平;

(三)劳动生产率;

(四)就业状况;

(五)地区之间经济发展水平的差异。

第五十条 工资应当以货币形式按月支付给劳动者本人。不得克扣或者无故拖欠劳动者的工资。

第五十一条 劳动者在法定休假日和婚丧假期间以及依法参加社会活动期间,用人单位应当依法支付工资。

第六章 劳动安全卫生

第五十二条 用人单位必须建立、健全劳动安全卫生制度,严格执行国家劳动安全卫生规定和标准,对劳动者进行劳动安全卫生教育,防止劳动过程中的事故,减少职业危害。

第五十三条 劳动安全卫生设施必须符合国家规定的标准。

新建、改建、扩建工程的劳动安全卫生设施必须与主体工程同时设计、同时施工、同时投入生产和使用。

第五十四条　用人单位必须为劳动者提供符合国家规定的劳动安全卫生条件和必要的劳动防护用品,对从事有职业危害作业的劳动者应当定期进行健康检查。

第五十五条　从事特种作业的劳动者必须经过专门培训并取得特种作业资格。

第五十六条　劳动者在劳动过程中必须严格遵守安全操作规程。

劳动者对用人单位管理人员违章指挥、强令冒险作业,有权拒绝执行;对危害生命安全和身体健康的行为,有权提出批评、检举和控告。

第五十七条　国家建立伤亡事故和职业病统计报告和处理制度。县级以上各级人民政府劳动行政部门、有关部门和用人单位应当依法对劳动者在劳动过程中发生的伤亡事故和劳动者的职业病状况,进行统计、报告和处理。

第七章　女职工和未成年工特殊保护

第五十八条　国家对女职工和未成年工实行特殊劳动保护。

未成年工是指年满十六周岁未满十八周岁的劳动者。

第五十九条　禁止安排女职工从事矿山井下、国家规定的第四级体力劳动强度的劳动和其他禁忌从事的劳动。

第六十条　不得安排女职工在经期从事高处、低温、冷水作业和国家规定的第三级体力劳动强度的劳动。

第六十一条　不得安排女职工在怀孕期间从事国家规定的第三级体力劳动强度的劳动和孕期禁忌从事的劳动。对怀孕七个月以上的女职工,不得安排其延长工作时间和夜班劳动。

第六十二条　女职工生育享受不少于九十天的产假。

第六十三条　不得安排女职工在哺乳未满一周岁的婴儿期间

从事国家规定的第三级体力劳动强度的劳动和哺乳期禁忌从事的其他劳动,不得安排其延长工作时间和夜班劳动。

第六十四条 不得安排未成年工从事矿山井下、有毒有害、国家规定的第四级体力劳动强度的劳动和其他禁忌从事的劳动。

第六十五条 用人单位应当对未成年工定期进行健康检查。

第八章 职业培训

第六十六条 国家通过各种途径,采取各种措施,发展职业培训事业,开发劳动者的职业技能,提高劳动者素质,增强劳动者的就业能力和工作能力。

第六十七条 各级人民政府应当把发展职业培训纳入社会经济发展的规划,鼓励和支持有条件的企业、事业组织、社会团体和个人进行各种形式的职业培训。

第六十八条 用人单位应当建立职业培训制度,按照国家规定提取和使用职业培训经费,根据本单位实际,有计划地对劳动者进行职业培训。

从事技术工种的劳动者,上岗前必须经过培训。

第六十九条 国家确定职业分类,对规定的职业制定职业技能标准,实行职业资格证书制度,由经过政府批准的考核鉴定机构负责对劳动者实施职业技能考核鉴定。

第九章 社会保险和福利

第七十条 国家发展社会保险事业,建立社会保险制度,设立社会保险基金,使劳动者在年老、患病、工伤、失业、生育等情况下获得帮助和补偿。

第七十一条 社会保险水平应当与社会经济发展水平和社会承受能力相适应。

第七十二条 社会保险基金按照保险类型确定资金来源,逐步实行社会统筹。用人单位和劳动者必须依法参加社会保险,缴纳社会保险费。

第七十三条 劳动者在下列情形下,依法享受社会保险待遇:

(一)退休;

(二)患病、负伤;

(三)因工伤残或者患职业病;

(四)失业;

(五)生育。

劳动者死亡后,其遗属依法享受遗属津贴。

劳动者享受社会保险待遇的条件和标准由法律、法规规定。

劳动者享受的社会保险金必须按时足额支付。

第七十四条 社会保险基金经办机构依照法律规定收支、管理和运营社会保险基金,并负有使社会保险基金保值增值的责任。

社会保险基金监督机构依照法律规定,对社会保险基金的收支、管理和运营实施监督。

社会保险基金经办机构和社会保险基金监督机构的设立和职能由法律规定。

任何组织和个人不得挪用社会保险基金。

第七十五条 国家鼓励用人单位根据本单位实际情况为劳动者建立补充保险。

国家提倡劳动者个人进行储蓄性保险。

第七十六条 国家发展社会福利事业,兴建公共福利设施,为劳动者休息、休养和疗养提供条件。

用人单位应当创造条件,改善集体福利,提高劳动者的福利待遇。

第十章 劳动争议

第七十七条 用人单位与劳动者发生劳动争议,当事人可以依法申请调解、仲裁、提起诉讼,也可以协商解决。

调解原则适用于仲裁和诉讼程序。

第七十八条 解决劳动争议,应当根据合法、公正、及时处理的原则,依法维护劳动争议当事人的合法权益。

第七十九条 劳动争议发生后,当事人可以向本单位劳动争议调解委员会申请调解;调解不成,当事人一方要求仲裁的,可以向劳动争议仲裁委员会申请仲裁。当事人一方也可以直接向劳动争议仲裁委员会申请仲裁。对仲裁裁决不服的,可以向人民法院提起诉讼。

第八十条 在用人单位内,可以设立劳动争议调解委员会。劳动争议调解委员会由职工代表、用人单位代表和工会代表组成。劳动争议调解委员会主任由工会代表担任。

劳动争议经调解达成协议的,当事人应当履行。

第八十一条 劳动争议仲裁委员会由劳动行政部门代表、同级工会代表、用人单位方面的代表组成。劳动争议仲裁委员会主任由劳动行政部门代表担任。

第八十二条 提出仲裁要求的一方应当自劳动争议发生之日起六十日内向劳动争议仲裁委员会提出书面申请。仲裁裁决一般应在收到仲裁申请的六十日内作出。对仲裁裁决无异议的,当事人必须履行。

第八十三条 劳动争议当事人对仲裁裁决不服的,可以自收到仲裁裁决书之日起十五日内向人民法院提起诉讼。一方当事人在法定期限内不起诉又不履行仲裁裁决的,另一方当事人可以申请人民法院强制执行。

第八十四条 因签订集体合同发生争议,当事人协商解决不成的,当地人民政府劳动行政部门可以组织有关各方协调处理。

因履行集体合同发生争议,当事人协商解决不成的,可以向劳动争议仲裁委员会申请仲裁;对仲裁裁决不服的,可以自收到仲裁裁决书之日起十五日内向人民法院提起诉讼。

第十一章　监督检查

第八十五条　县级以上各级人民政府劳动行政部门依法对用人单位遵守劳动法律、法规的情况进行监督检查，对违反劳动法律、法规的行为有权制止，并责令改正。

第八十六条　县级以上各级人民政府劳动行政部门监督检查人员执行公务，有权进入用人单位了解执行劳动法律、法规的情况，查阅必要的资料，并对劳动场所进行检查。

县级以上各级人民政府劳动行政部门监督检查人员执行公务，必须出示证件，秉公执法并遵守有关规定。

第八十七条　县级以上各级人民政府有关部门在各自职责范围内，对用人单位遵守劳动法律、法规的情况进行监督。

第八十八条　各级工会依法维护劳动者的合法权益，对用人单位遵守劳动法律、法规的情况进行监督。

任何组织和个人对于违反劳动法律、法规的行为有权检举和控告。

第十二章　法律责任

第八十九条　用人单位制定的劳动规章制度违反法律、法规规定的，由劳动行政部门给予警告，责令改正；对劳动者造成损害的，应当承担赔偿责任。

第九十条　用人单位违反本法规定，延长劳动者工作时间的，由劳动行政部门给予警告，责令改正，并可以处以罚款。

第九十一条　用人单位有下列侵害劳动者合法权益情形之一的，由劳动行政部门责令支付劳动者的工资报酬、经济补偿，并可以责令支付赔偿金：

（一）克扣或者无故拖欠劳动者工资的；

（二）拒不支付劳动者延长工作时间工资报酬的；

(三)低于当地最低工资标准支付劳动者工资的;

(四)解除劳动合同后,未依照本法规定给予劳动者经济补偿的。

第九十二条 用人单位的劳动安全设施和劳动卫生条件不符合国家规定或者未向劳动者提供必要的劳动防护用品和劳动保护设施的,由劳动行政部门或者有关部门责令改正,可以处以罚款;情节严重的,提请县级以上人民政府决定责令停产整顿;对事故隐患不采取措施,致使发生重大事故,造成劳动者生命和财产损失的,对责任人员比照刑法第一百八十七条的规定追究刑事责任。

第九十三条 用人单位强令劳动者违章冒险作业,发生重大伤亡事故,造成严重后果的,对责任人员依法追究刑事责任。

第九十四条 用人单位非法招用未满十六周岁的未成年人的,由劳动行政部门责令改正,处以罚款;情节严重的,由工商行政管理部门吊销营业执照。

第九十五条 用人单位违反本法对女职工和未成年工的保护规定,侵害其合法权益的,由劳动行政部门责令改正,处以罚款;对女职工或者未成年工造成损害的,应当承担赔偿责任。

第九十六条 用人单位有下列行为之一,由公安机关对责任人员处以十五日以下拘留、罚款或者警告;构成犯罪的,对责任人员依法追究刑事责任:

(一)以暴力、威胁或者非法限制人身自由的手段强迫劳动的;

(二)侮辱、体罚、殴打、非法搜查和拘禁劳动者的。

第九十七条 由于用人单位的原因订立的无效合同,对劳动者造成损害的,应当承担赔偿责任。

第九十八条 用人单位违反本法规定的条件解除劳动合同或者故意拖延不订立劳动合同的,由劳动行政部门责令改正;对劳动者造成损害的,应当承担赔偿责任。

第九十九条　用人单位招用尚未解除劳动合同的劳动者，对原用人单位造成经济损失的，该用人单位应当依法承担连带赔偿责任。

第一百条　用人单位无故不缴纳社会保险费的，由劳动行政部门责令其限期缴纳，逾期不缴的，可以加收滞纳金。

第一百零一条　用人单位无理阻挠劳动行政部门、有关部门及其工作人员行使监督检查权，打击报复举报人员的，由劳动行政部门或者有关部门处以罚款；构成犯罪的，对责任人员依法追究刑事责任。

第一百零二条　劳动者违反本法规定的条件解除劳动合同或者违反劳动合同中约定的保密事项，对用人单位造成经济损失的，应当依法承担赔偿责任。

第一百零三条　劳动行政部门或者有关部门的工作人员滥用职权、玩忽职守、徇私舞弊，构成犯罪的，依法追究刑事责任；不构成犯罪的，给予行政处分。

第一百零四条　国家工作人员和社会保险基金经办机构的工作人员挪用社会保险基金，构成犯罪的，依法追究刑事责任。

第一百零五条　违反本法规定侵害劳动者合法权益，其他法律、法规已规定处罚的，依照该法律、行政法规的规定处罚。

第十三章　附　则

第一百零六条　省、自治区、直辖市人民政府根据本法和本地区的实际情况，规定劳动合同制度的实施步骤，报国务院备案。

第一百零七条　本法自1995年1月1日起施行。

参考文献

［1］关怀,林嘉著:《劳动法》,中国人民大学出版社,2012年。
［2］关怀主编:《劳动与社会保障法学》,法律出版社,2011年。
［3］王全兴主编:《劳动法学》,高等教育出版社,2008年。
［4］贾俊玲主编:《劳动法学》,北京大学出版社,2009年。
［5］徐智华主编:《劳动法学》,北京大学出版社,2008年。
［6］法律出版社法规中心编:《中华人民共和国劳动法案例解读本》,法律出版社,2009年。
［7］法律出版社法规中心编:《中华人民共和国劳动合同法案例解读本》,法律出版社,2009年。
［8］中国法制出版社编:《中华人民共和国劳动法(案例应用版)》,中国法制出版社,2010年。
［9］王伟杰主编:《劳动合同法案例精解与评析》,经济管理出版社,2010年。